Cucina Antinfiammatoria
Il Potere delle Scelte Alimentari per un Corpo in Equilibrio

Chiara Rossi

Contenuto

Porzioni di cioccolato alla curcuma: 2 18

Ingredienti: 18

Indicazioni: 18

Porzioni di uova energetiche veloci e piccanti: 1 19

Ingredienti: 19

Indicazioni: 19

Porzioni di soufflé di cheddar ed erba cipollina: 8 20

Ingredienti: 20

Indicazioni: 21

Frittelle di grano saraceno con latte di mandorle alla vaniglia: 1 22

Ingredienti: 22

Indicazioni: 22

Portauova con spinaci e feta: 3 24

Ingredienti: 24

Indicazioni: 24

Porzioni di frittata per la colazione: 2 26

Ingredienti: 26

Indicazioni: 26

Porzioni di ciotola di burrito con pollo e quinoa: 6 27

Ingredienti: 27

Indicazioni: 28

Evitare porzioni di toast con uova: 3 29

Ingredienti: 29

Indicazioni: 29

Porzioni di avena e mandorle: 2 30

Ingredienti: 30

Indicazioni: 30

Porzioni di pancake al cioccolato-nana: 2 31

Ingredienti: 31

Indicazioni: 31

Barrette di avena e patate dolci: 6 33

Ingredienti: 33

Indicazioni: 34

Porzioni di hash browns facili: 3 36

Ingredienti: 36

Indicazioni: 36

Porzioni di Frittata di Asparagi: 1 38

Ingredienti: 38

Indicazioni: 38

Porzioni di casseruola di toast alla francese a cottura lenta: 9 40

Ingredienti: 40

Indicazioni: 41

Tacchino al timo e salvia Porzioni di salsiccia: 4 42

Ingredienti: 42

Indicazioni: 42

Porzioni di cocktail di spinaci e ciliegie: 1 44

Ingredienti: 44

Indicazioni: 44

Patate da colazione: 2 45

Ingredienti: 45

Indicazioni: 45

Porzioni di farina d'avena veloce alla banana: 1 46

Ingredienti: 46

Indicazioni: 46

Porzioni di frullato di banane e burro di mandorle: 1 47

Ingredienti: 47

Indicazioni: 47

Barrette energetiche al cioccolato e chia non cotte Porzioni: 14 48

Ingredienti: 48

Indicazioni: 48

Porzioni di ciotola per la colazione fruttata ai semi di lino: 1 50

Ingredienti: 50

Indicazioni: 51

Porzioni di farina d'avena per colazione a cottura lenta: 8 52

Ingredienti: 52

Indicazioni: 52

Porzioni di pane di segale: 12 54

Ingredienti: 54

Indicazioni: 55

Porzioni di budino di chia al cocco e lampone: 4 57

Ingredienti: 57

Indicazioni: 57

Porzioni di insalata per la colazione del fine settimana: 4 58

Ingredienti: 58

Indicazioni: 59

Delizioso riso vegetariano salato con broccoli e cavolfiore 60

Ingredienti: 60

Indicazioni: 61

Porzioni di toast mediterranei: 2 62

Ingredienti: 62

Indicazioni: 62

Porzioni di insalata da colazione con patate dolci: 2 64

Ingredienti: 64

Indicazioni: 64

Porzioni di tazze di hash brown per colazione finta: 8 65

Ingredienti: 65

Indicazioni: 65

Porzioni di frittata di funghi e spinaci: 2 66

Ingredienti: 66

Indicazioni: 66

Involtini di insalata con pollo e verdure: 2 68

Ingredienti: 68

Indicazioni: 69

Porzioni di ciotola cremosa alla cannella e banana: 1 70

Ingredienti: 70

Buoni cereali con mirtilli rossi e cannella: 2 71

Ingredienti: 71

Indicazioni: 71

Porzioni di frittata per la colazione: 2 73

Ingredienti: 73

Indicazioni: 73

Porzioni di pane integrale: 12 74

Ingredienti: 74

Indicazioni: 74

Giroscopio di pollo tagliuzzato 77

Ingredienti: 77

Indicazioni: 78

Porzioni di zuppa di patate dolci: 6 79

Ingredienti: 79

Indicazioni: 79

Ingredienti per le ciotole di burrito di quinoa: 81

Indicazioni: 82

Broccoli alle mandorle: 6 83

Ingredienti: 83

Indicazioni: 83

Ingredienti per il piatto di quinoa: 85

Indicazioni: 85

Porzioni di insalata di uova pulite: 2 87

Ingredienti: 87

Indicazioni: 87

Porzioni di peperoncino con fagioli bianchi: 4 88

Ingredienti: 88

Indicazioni: 89

Porzioni di tonno al limone: 4 90

Ingredienti: 90

Indicazioni: 90

Porzioni di tilapia con asparagi e zucca ghianda: 4 92

Ingredienti: 92

Indicazioni: 92

Cuocere il ripieno di pollo con olive, pomodori e basilico 94

Ingredienti: 94

Indicazioni: 94

Porzioni di ratatouille: 8 96

Ingredienti: 96

Indicazioni: 96

Porzioni di zuppa di polpette di pollo: 4 98

Ingredienti: 98

Indicazioni: 99

Insalata di cavolo all'arancia con vinaigrette agli agrumi 100

Ingredienti: 100

Indicazioni: 101

Porzioni di tempeh e verdure a radice: 4 102

Ingredienti: 102

Indicazioni: 102

Porzioni di zuppa verde: 2 104

Ingredienti: 104

Indicazioni: 105

Ingredienti per la pizza ai peperoni: 106

Indicazioni: 107

Porzioni di Gazpacho di barbabietola: 4 108

Ingredienti: 108

Indicazioni: 108

Ingredienti Rigatoni Di Zucca Arrosto: 110

Indicazioni: 110

Porzioni di Frappe al moka d'acero: 2 112

Ingredienti: 112

Indicazioni: 112

Muffin al cioccolato, farina di mandorle e burro di arachidi 113

Ingredienti: 113

Indicazioni: 113

Porzioni di tofu per la colazione: 4 115

Ingredienti: 115

Indicazioni: 115

Waffel di cavolfiore con formaggio e timo porzioni: 2 117

Ingredienti: 117

Indicazioni: 118

Muffin di mais dolce 119

Porzioni: 1 119

Ingredienti: 119

Indicazioni: 119

Parfait Perky fresco e fruttato 121

Porzioni: 2 121

Ingredienti: 121

Porzioni di toast al salmone con formaggio cremoso: 2 122

Ingredienti: 122

Indicazioni: 122

Porzioni di farina d'avena alle banane e noci: 9 123

Ingredienti: 123

Indicazioni: 124

Porzioni di purè di patate e fagioli: 4 125

Ingredienti: 125

Indicazioni: 126

Pesca con ricotta di mandorle e miele 127

Porzioni: 6 127

Ingredienti: 127

Indicazioni:	127
Pane alle zucchine	129
Porzioni: 6	129
Ingredienti:	129
Indicazioni:	130
Porzioni di barrette di mela e cannella: 4	131
Ingredienti:	131
Indicazioni:	132
Porzioni di muffin ai mirtilli: 10	133
Ingredienti:	133
Indicazioni:	134
Porzioni di cocktail ai mirtilli: 1	135
Ingredienti:	135
Indicazioni:	135
Porzioni di patate dolci ripiene con mele alla cannella: 4	137
Ingredienti:	137
Indicazioni:	138
Porzioni di pomodori ripieni di uova: 2	139
Ingredienti:	139
Indicazioni:	139
Porzioni di cavolo cappuccio curcuma: 1	141
Ingredienti:	141
Indicazioni:	141
Casseruola di formaggio e salsiccia con deliziosa marinara	143
Ingredienti:	143
Indicazioni:	143
Porzioni di budino di chia al latte dorato: 4	145

Ingredienti: 145

Indicazioni: 145

Porzioni di avena durante la notte con torta di carote: 2 147

Ingredienti: 147

Indicazioni: 147

Frittelle al miele: 2 148

Ingredienti: 148

Indicazioni: 149

Porzioni di pancake senza glutine: 10 151

Ingredienti: 151

Indicazioni: 152

Riso alle carote con uova strapazzate Porzioni: 3 153

Ingredienti: 153

Indicazioni: 154

Porzioni di sacchetto di patate dolci: 6 156

Ingredienti: 156

Indicazioni: 156

Muffin all'uovo con feta e quinoa porzioni: 12 157

Ingredienti: 157

Indicazioni: 157

Frittelle piccanti di ceci: 1 159

Ingredienti: 159

Indicazioni: 159

Deliziose porzioni di latte alla curcuma: 2 161

Ingredienti: 161

Indicazioni: 161

Porzioni di Shakshuka verde: 4 162

Ingredienti: 162

Indicazioni: 163

Porzioni di pane proteico alla quinoa: 12 164

Ingredienti: 164

Indicazioni: 165

Muffin allo zenzero, carota e cocco Porzioni: 12 167

Ingredienti: 167

Porzioni calde di porridge al miele: 4 169

Ingredienti: 169

Indicazioni: 169

Porzioni di insalata per la colazione: 4 170

Ingredienti: 170

Indicazioni: 170

Porzioni di quinoa veloce con cannella e chia: 2 172

Ingredienti: 172

Indicazioni: 172

Waffle di patate dolci senza cereali: 2 174

Ingredienti: 174

Indicazioni: 174

Porzioni di frittata di quinoa e asparagi: 3 176

Ingredienti: 176

Indicazioni: 176

Porzioni di Huevos Rancheros: 3 178

Ingredienti: 178

Indicazioni: 179

Porzioni di frittata di funghi e spinaci: 2 180

Ingredienti: 180

Indicazioni: 180

Porzioni di waffle alla zucca e banana: 4 181

Ingredienti: 181

Indicazioni: 182

Uovo con salmone affumicato: 2 183

Ingredienti: 183

Indicazioni: 183

Risotto cremoso alla parmigiana con funghi e cavolfiore 184

Ingredienti: 184

Indicazioni: 184

Broccoli arrostiti al ranch con porzioni di formaggio cheddar: 2 186

Ingredienti: 186

Indicazioni: 186

Porzioni potenti di porridge proteico: 2 188

Ingredienti: 188

Indicazioni: 189

Farina d'avena al mango e cocco: 1 190

Ingredienti: 190

Indicazioni: 190

Porzioni di frittata funghi e spinaci: 4 191

Ingredienti: 191

Indicazioni: 191

Porzioni di ciotola per la colazione con quinoa: 6 193

Ingredienti: 193

Indicazioni: 194

Porzioni di mele alla cannella cotte a vapore in una pentola a cottura lenta: 6 195

Ingredienti: 195

Indicazioni: 195

Pane di mais integrale: 8 196

Ingredienti: 196

Indicazioni: 196

Porzioni di frittata al pomodoro: 1 198

Ingredienti: 198

Indicazioni: 198

Zucchero di canna, cannella, farina d'avena: 4 200

Ingredienti: 200

Indicazioni: 200

Porridge di amaranto con pere arrostite: 2 201

Ingredienti: 201

Indicazioni: 202

Porzioni di frittelle dolci alla crema: 2 204

Ingredienti: 204

Indicazioni: 204

Tortini di maiale alla salvia sciroppati al forno Porzioni: 4 206

Ingredienti: 206

Indicazioni: 206

Porzioni di crepes con crema al cocco e salsa di fragole: 207

Ingredienti: 207

Indicazioni: 208

Porzioni di zuppa di funghi al cocco: 3 210

Ingredienti: 210

Indicazioni: 210

Porzioni di macedonia invernale: 6 212

Ingredienti: 212

Indicazioni: 212

Cosce di pollo fritte nel miele con carote: 4 214

Ingredienti: 214

Indicazioni: 214

Porzioni di peperoncino tacchino: 8 216

Ingredienti: 216

Indicazioni: 217

Porzioni di cioccolato alla curcuma: 2

Tempo di cottura: 5 minuti

Ingredienti:

1 tazza di latte di cocco, non zuccherato

2 cucchiaini di olio di cocco, sciolto

1 cucchiaino e mezzo di cacao in polvere

1 cucchiaino di curcuma macinata

Un pizzico di pepe nero

Un pizzico di pepe di cayenna

2 cucchiaini di miele grezzo

Indicazioni:

1. Versare il latte in una padella, scaldarlo a fuoco medio, aggiungere olio, cacao in polvere, curcuma, pepe nero, pepe di Cayenna e miele. Sbattere bene, far bollire per 5 minuti, versare in una tazza e servire.

2. Divertitevi!

Informazioni nutrizionali: calorie 281, grassi 12, fibre 4, carboidrati 12, proteine 7

Porzioni di uova energetiche veloci e piccanti: 1

Tempo di cottura: 3 minuti

Ingredienti:

1 cucchiaio di latte

1 cucchiaino di burro fuso

2 uova

Cospargere con erbe e spezie: aneto essiccato, origano essiccato, prezzemolo essiccato, timo essiccato e aglio in polvere

Indicazioni:

1. Preriscaldare il forno a 180°C. Nel frattempo spennellate il fondo di una teglia con latte e burro.

2. Sbattere con cura le uova sulla copertura di latte e burro. Cospargere le uova con erbe secche e aglio in polvere.

3. Metti la teglia nel forno. Cuocere per 3 minuti o fino a quando le uova saranno cotte.

Informazioni nutrizionali:Calorie 177 Grassi: 5,9 g Proteine: 8,8 g Sodio: 157 mg Carboidrati totali: 22,8 g Fibra alimentare: 0,7 g

Porzioni di soufflé di cheddar ed erba cipollina: 8

Tempo di cottura: 25 minuti

Ingredienti:

½ tazza di farina di mandorle

¼ di tazza di erba cipollina tritata

1 cucchiaino di sale

½ cucchiaino di gomma di xantano

1 cucchiaino di senape macinata

¼ di cucchiaino di pepe di cayenna

½ cucchiaino di pepe nero macinato

¾ tazza di panna

2 tazze di formaggio cheddar grattugiato

½ tazza di lievito in polvere

6 uova biologiche, separate

Indicazioni:

1. Accendi il forno, quindi imposta la temperatura a 180°C e lascialo scaldare.

2. In una ciotola media, aggiungi la farina, aggiungi il resto degli ingredienti tranne il lievito e l'uovo, e sbatti fino ad ottenere un composto omogeneo.

3. Separare i tuorli e gli albumi in due ciotole, versare i tuorli nel composto di farina e sbattere fino ad ottenere un composto omogeneo.

4. Aggiungere il lievito agli albumi e sbattere con uno sbattitore elettrico fino a formare delle punte ben ferme, quindi incorporare gli albumi al composto di farina fino ad ottenere un composto ben amalgamato.

5. Dividere uniformemente l'impasto negli otto stampini e cuocere in forno per 25 minuti fino a cottura ultimata.

6. Servire immediatamente o conservare in frigorifero fino al momento del consumo.

Informazioni nutrizionali:Calorie 288, grassi totali 21 g, carboidrati totali 3 g, proteine 14 g

Frittelle di grano saraceno con latte di mandorle alla vaniglia: 1

Ingredienti:

½ tazza. latte di mandorle alla vaniglia non zuccherato

2-4 bustine di dolcificante naturale

1/8 cucchiaino. sale

½ tazza di farina di grano saraceno

½ cucchiaino. lievito in polvere a doppia azione

Indicazioni:

1. Preparare una piastra per pancake e spruzzarla con lo spray da cucina, quindi posizionare a fuoco medio.

2. In una piccola ciotola, unisci la farina di grano saraceno, il sale, il lievito e la stevia, quindi aggiungi il latte di mandorle.

3. Versare un cucchiaio abbondante di impasto nella padella e cuocere fino a quando non ci saranno più bolle in superficie e tutta la superficie sarà asciutta (2-4 minuti). Capovolgi e continua la cottura per 2-4 minuti. Ripetere l'operazione con tutto l'impasto rimasto.

Informazioni nutrizionali:Calorie: 240, Grassi: 4,5 g, Carboidrati: 2 g, Proteine: 11 g, Zucchero: 17 g, Sodio: 67 mg

Portauova con spinaci e feta: 3

Tempo di cottura: 25 minuti

Ingredienti:

Uova grandi - 6

Pepe nero, macinato - 0,125 cucchiaini

Cipolla in polvere - 0,25 cucchiaino

Aglio in polvere - 0,25 cucchiaino

Formaggio feta - 0,33 bicchieri

Spinaci baby - 1,5 bicchieri

sale marino - 0,25 cucchiaini

Indicazioni:

1. Preriscaldare il forno a 180 gradi Fahrenheit, posizionare una griglia al centro del forno e ungere uno stampo per muffin.

2. Dividere gli spinaci novelli e la feta sul fondo di dodici pirottini per muffin.

3. In una ciotola, sbatti le uova, il sale marino, l'aglio in polvere, la cipolla in polvere e il pepe nero finché l'albume non sarà completamente incorporato nel tuorlo. Versare l'uovo sopra gli spinaci e il formaggio nei pirottini per

muffin, riempiendoli per tre quarti. Metti la teglia nel forno fino a quando le uova saranno cotte, circa diciotto-venti minuti.

4. Togli i portauova con spinaci e feta dal forno e servili caldi o lascia che le uova si raffreddino completamente a temperatura ambiente prima di servire.

Porzioni di frittata per la colazione: 2

Tempo di cottura: 20 minuti

Ingredienti:

1 cipolla, tritata

2 cucchiai di peperoncino rosso tritato

¼ di libbra di salsiccia di tacchino da colazione, cotta e sbriciolata, 3 uova sbattute

Un pizzico di pepe di cayenna

Indicazioni:

1. Mescolare tutti gli ingredienti in una ciotola.

2. Versare in una piccola padella.

3. Posiziona la teglia nel cestello della friggitrice ad aria.

4. Cuocere in una friggitrice per 20 minuti.

Porzioni di ciotola di burrito con pollo e quinoa: 6

Tempo di cottura: 5 ore

Ingredienti:

Cosce di pollo da 1 libbra (senza pelle, disossate)

1 tazza di brodo di pollo

1 lattina di pomodori a cubetti (14,5 once)

1 cipolla (tritata)

3 spicchi d'aglio (tritati)

2 cucchiaini di peperoncino in polvere

½ cucchiaino di coriandolo

½ cucchiaino di aglio in polvere

1 peperone (tritato finemente)

15 once di fagioli borlotti (sgocciolati)

1 tazza e ½ di formaggio cheddar (grattugiato)

Indicazioni:

1. Mescolare pollo, pomodori, brodo, cipolla, aglio, peperoncino in polvere, aglio in polvere, coriandolo e sale. Imposta il fornello a fuoco basso.

2. Togliere il pollo e tagliarlo a pezzi con forchetta e coltello.

3. Riporta il pollo nella pentola a cottura lenta e aggiungi la quinoa e i fagioli borlotti.

4. Metti il fornello a fuoco basso per 2 ore.

5. Coprire con il formaggio e continuare a cuocere mescolando delicatamente finché il formaggio non si scioglie.

6. Servire.

Informazioni nutrizionali:Calorie 144 mg Grassi totali: 39 g Carboidrati: 68 g Proteine: 59 g Zucchero: 8 g Fibre 17 g Sodio: 756 mg Colesterolo: 144 mg

Evitare porzioni di toast con uova: 3

Tempo di preparazione: 0 minuti

Ingredienti:

1 cucchiaino e mezzo di burro chiarificato

1 fetta di pane, senza glutine e tostato

½ avocado, tagliato a fettine sottili

Una manciata di spinaci

1 uovo strapazzato o strapazzato

Un pizzico di scaglie di peperoncino

Indicazioni:

1. Spalmare il burro chiarificato sul pane tostato. Completare con fette di avocado e foglie di spinaci. Completare con uova strapazzate o sode. Terminare con una spolverata di scaglie di peperoncino rosso.

Informazioni nutrizionali:Calorie 540 Grassi: 18 g Proteine: 27 g Sodio: 25 mg Carboidrati totali: 73,5 g Fibra alimentare: 6 g

Porzioni di avena e mandorle: 2

Tempo di preparazione: 0 minuti

Ingredienti:

1 tazza di avena vecchio stile

½ tazza di latte di cocco

1 cucchiaio di sciroppo d'acero

¼ tazza di mirtilli

3 cucchiai di mandorle tritate

Indicazioni:

1. Mescola l'avena con il latte di cocco, lo sciroppo d'acero e le mandorle in una ciotola. Coprire e lasciare riposare per una notte. Servire il giorno successivo.

2. Divertitevi!

<u>Informazioni nutrizionali:</u>Calorie 255, Grassi 9, Fibre 6, Carboidrati 39, Proteine 7

Porzioni di pancake al cioccolato-nana: 2

Tempo di cottura: 6 minuti

Ingredienti:

2 banane grandi, sbucciate e schiacciate

2 uova grandi allevate al pascolo

3 cucchiai di cacao in polvere

2 cucchiai di burro di mandorle

1 cucchiaino di estratto puro di vaniglia

1/8 cucchiaino di sale

Olio di cocco per la lubrificazione

Indicazioni:

1. Scaldare una padella a fuoco medio-basso e ricoprirla con olio di cocco.

2. Metti tutti gli ingredienti in un robot da cucina e frulla fino a ottenere un composto omogeneo.

3. Versare l'impasto (circa ¼ di tazza) nella padella e formare una frittella.

4. Cuocere per 3 minuti su ciascun lato.

Informazioni nutrizionali: Calorie 303 Grassi totali 17g Grassi saturi 4g Carboidrati totali 36g Carboidrati netti 29g Proteine 5g Zuccheri: 15g Fibre: 5g Sodio: 108mg Potassio 549mg

Barrette di avena e patate dolci: 6

Tempo di cottura: 35 minuti

Ingredienti:

Patate dolci, bollite, schiacciate - 1 bicchiere

Latte di mandorle, non zuccherato - 0,75 tazze

Uova - 1

Pasta di datteri - 1,5 cucchiai

estratto di vaniglia - 1,5 cucchiaini

Bicarbonato di sodio - 1 cucchiaino

Cannella, macinata - 1 cucchiaino

chiodi di garofano, macinati - 0,25 cucchiaino

Noce moscata, macinata - 0,5 cucchiaino

Zenzero macinato - 0,5 cucchiaino

Semi di lino, macinati - 2 cucchiai

Proteine in polvere - 1 porzione

Farina di cocco - 0,25 tazze

Farina d'avena - 1 tazza

Cocco essiccato, non zuccherato - 0,25 tazze

Noci pecan tritate - 0,25 tazza

Indicazioni:

1. Preriscalda il forno a 375 gradi Fahrenheit e rivesti una teglia quadrata da 8 x 8 pollici con carta pergamena. Quando le barrette saranno cotte, ti consigliamo di lasciare della carta da forno appesa sui lati della teglia per sollevarle.

2. Aggiungi tutti gli ingredienti per le barrette di avena e patate dolci, tranne il cocco essiccato e le noci pecan tritate, in un frullatore.

Frullare il composto per qualche minuto fino ad ottenere un composto omogeneo, quindi spegnere il mixer. Potrebbe essere necessario raschiare le pareti del frullatore e frullare nuovamente.

3. Aggiungi il cocco e le noci pecan all'impasto, quindi incorporali con una spatola. Non mescolare più il composto perché non vuoi che questi grumi si mescolino tra loro. Versare il composto di patate dolci e avena nella padella preparata e spalmarlo.

4. Metti la barretta di avena e patate dolci al centro del forno e cuoci finché le barrette non saranno solide, circa ventidue.

fino a venticinque minuti. Togliere la pentola dal forno. Posiziona una gratella accanto alla teglia, quindi tieni delicatamente la carta da forno per la sporgenza e sollevala delicatamente dalla teglia sulla griglia per farla raffreddare. Lasciare raffreddare completamente le barrette di avena e patate dolci prima di affettarle.

Porzioni di hash browns facili: 3

Tempo di cottura: 35 minuti

Ingredienti:

Patate fritte sminuzzate, congelate - 1 libbra

Uova - 2

Sale marino - 0,5 cucchiaini

Aglio in polvere - 0,5 cucchiaini

Cipolla in polvere - 0,5 cucchiaini

Pepe nero, macinato - 0,125 cucchiaini

Olio extra vergine di oliva - 1 cucchiaio

Indicazioni:

1. Inizia riscaldando la piastra per waffle.

2. In una ciotola da cucina, sbatti le uova finché non si rompono, quindi aggiungi il resto degli ingredienti. Piegali tutti fino a quando la patata sarà ricoperta uniformemente dall'uovo e dalle spezie.

3. Ungere una piastra per waffle e distribuire un terzo del composto marrone. Chiudetelo e lasciate cuocere le patate all'interno fino a doratura,

circa dodici-quindici minuti. Una volta pronte, togliete con attenzione le frittelle di patate con una forchetta e continuate a cuocere un altro terzo del composto, poi l'ultimo terzo.

4. Puoi conservare i sacchetti di brownie al forno nel frigorifero e poi riscaldarli in una piastra per waffle o nel forno per farli dorare nuovamente in seguito.

Porzioni di Frittata di Asparagi: 1

Tempo di cottura:

Ingredienti:

Uova - 2

Spiedini di asparagi - 5

Acqua - 1 cucchiaio

Olio extra vergine di oliva - 1 cucchiaio

Funghi tritati - 3

Sale marino: un pizzico

Cipolla verde tritata - 1

Formaggio di capra, semimolle - 2 cucchiai

Indicazioni:

1. Mentre prepari la frittata, preriscalda il forno in modalità grill. Preparate le verdure eliminando i gambi duri degli asparagi e tagliandoli a pezzetti.

2. Ungere una padella resistente al forno da 7-8 pollici e posizionarla a fuoco medio. Aggiungere i funghi e cuocere per due minuti prima di aggiungere gli

asparagi e cuocere per altri due minuti. Quando saranno cotte, distribuite le verdure in modo uniforme sul fondo della padella.

3. In una piccola cucina, sbattere insieme le uova, l'acqua e il sale marino e versare sopra le verdure saltate. Cospargere la cipolla verde tritata e il formaggio di capra sbriciolato sopra la frittata.

4. Lascia che la padella continui a cuocere sul fornello in questo modo finché l'impasto della frittata non inizia a depositarsi attorno ai bordi e si stacca dai lati della padella. Sollevare con attenzione la padella e ruotarla con un delicato movimento circolare per cuocere l'uovo in modo uniforme.

5. Trasferisci la frittata nel forno, cuoci sotto la padella fino a quando l'uovo sarà cotto, altri due o tre minuti. Tieni d'occhio l'uovo in modo che la frittata non cuocia troppo. Appena sarà pronta, sfornate, trasferite la frittata su un piatto e gustatela ben calda.

Porzioni di casseruola di toast alla francese a cottura lenta: 9

Tempo di preparazione: 4 ore

Ingredienti:

2 uova

2 albumi

1 ½ latte di mandorle o latte all'1%.

2 cucchiai di miele grezzo

1/2 cucchiaino di cannella

1 cucchiaino di estratto di vaniglia

9 fette di pane

Per il ripieno:

3 tazze di mele (a dadini)

2 cucchiai di miele grezzo

1 cucchiaio di succo di limone

1/2 cucchiaino di cannella

1/3 di tazza di noci pecan

Indicazioni:

1. Metti i primi sei ingredienti in una ciotola e mescola.

2. Ungere la pentola a cottura lenta con spray antiaderente.

3. Mescolare tutti gli ingredienti per il ripieno in una piccola ciotola e mettere da parte. Distribuire bene i pezzi di mela nel ripieno.

4. Tagliare le fette di pane a metà (triangolo), quindi posizionare tre fette di mela sul fondo e qualche filetto sopra. Disporre allo stesso modo le fette di pane e il ripieno.

5. Metti le uova strapazzate sopra il pane e gli strati di ripieno.

6. Mettere il fornello a fuoco alto per 2,5 ore o a fuoco basso per 4 ore.

Informazioni nutrizionali:Calorie 227 Grassi totali: 7 g Carboidrati: 34 g Proteine: 9 g Zuccheri: 19 g Fibre 4 g Sodio: 187 mg

Tacchino al timo e salvia Porzioni di salsiccia: 4

Tempo di cottura: 25 minuti

Ingredienti:

1 libbra di tacchino macinato

½ cucchiaino di cannella

½ cucchiaino di aglio in polvere

1 cucchiaino di rosmarino fresco

1 cucchiaino di timo fresco

1 cucchiaino di sale marino

2 cucchiaini di salvia fresca

2 cucchiai di olio di cocco

Indicazioni:

1. Unisci tutti gli ingredienti tranne l'olio nella ciotola del robot da cucina.

Conservare in frigorifero durante la notte o per 30 minuti.

2. Versare l'olio nella miscela. Con il composto formate quattro polpette.

3. In una padella leggermente unta a fuoco medio, cuocere le polpette per 5 minuti su ciascun lato o fino a quando la parte centrale non sarà più rosa. Potete anche cuocerli in forno per 25 minuti

minuti a 400°F.

<u>Informazioni nutrizionali:</u>Calorie 284 Grassi: 9,4 g Proteine: 14,2 g Sodio: 290 mg Carboidrati totali: 36,9 g Fibre alimentari: 0,7 g

Porzioni di cocktail di spinaci e ciliegie: 1

Tempo di preparazione: 0 minuti

Ingredienti:

1 tazza di kefir semplice

1 tazza di ciliegie congelate, snocciolate

½ tazza di foglie di spinaci novelli

¼ di tazza di avocado maturo schiacciato

1 cucchiaio di burro di mandorle

1 pezzo di zenzero sbucciato (1/2 pollice)

1 cucchiaino di semi di chia

Indicazioni:

1. Metti tutti gli ingredienti in un frullatore. Frullare fino a ottenere un composto liscio.

2. Lasciare raffreddare in frigorifero prima di servire.

Informazioni nutrizionali:Calorie 410 Grassi totali 20g Carboidrati totali 47g Carboidrati netti 37g Proteine 17g Zucchero 33g Fibre: 10g Sodio: 169mg

Patate da colazione: 2

Tempo di cottura: 15 minuti

Ingredienti:

5 patate, tagliate a cubetti

1 cucchiaio di olio

½ cucchiaino di aglio in polvere

¼ cucchiaino di pepe

½ cucchiaino di paprika affumicata

Indicazioni:

1. Riscalda una padella a 400 gradi F per 5 minuti.

2. Immergere le patate nell'olio.

3. Condire con aglio in polvere, pepe e paprika.

4. Metti le patate nel cestello della friggitrice.

5. Friggere in una friggitrice ad aria per 15 minuti.

Porzioni di farina d'avena veloce alla banana: 1

Ingredienti:

1 banana matura schiacciata

½ tazza. acqua

½ tazza. avena veloce

Indicazioni:

1. Misura l'avena e l'acqua in una ciotola adatta al microonde e mescola.

2. Metti la ciotola nel microonde e scaldala a fiamma alta per 2 minuti.

3. Togli la ciotola dal microonde e aggiungi la banana schiacciata e buon appetito.

Informazioni nutrizionali:Calorie: 243, Grassi: 3 g, Carboidrati: 50 g, Proteine: 6 g, Zucchero: 20 g, Sodio: 30 mg

Porzioni di frullato di banane e burro di mandorle: 1

Ingredienti:

1 cucchiaio. burro di mandorle

½ tazza. cubetti di ghiaccio

½ tazza. spinaci confezionati

1 banana media, sbucciata e congelata

1 c) latte magro

Indicazioni:

1. Mescola tutti gli ingredienti in un frullatore potente fino a ottenere un composto liscio e cremoso.

2. Servi e divertiti.

Informazioni nutrizionali:Calorie: 293, Grassi: 9,8 g, Carboidrati: 42,5 g, Proteine: 13,5

g, zucchero: 12 g, sodio: 111 mg

Barrette energetiche al cioccolato e chia non cotte Porzioni: 14

Tempo di preparazione: 0 minuti

Ingredienti:

1 tazza e ½ di datteri snocciolati, confezionati

1/tazza di cocco grattugiato non zuccherato

1 tazza di pezzi di noce cruda

1/4 tazza (35 g) di cacao in polvere naturale

1/2 tazza (75 g) di semi di chia interi

1/2 tazza (70 g) di cioccolato fondente tritato

1/2 tazza (50 g) di avena

1 cucchiaino di estratto di vaniglia puro, facoltativo per esaltare il sapore

1/4 cucchiaino di sale marino non raffinato

Indicazioni:

1. Macina i datteri con un frullatore fino a formare una pasta densa.

2. Aggiungere le noci e mescolare.

3. Aggiungere il resto degli ingredienti e mescolare fino a formare un impasto denso.

4. Foderare una teglia rettangolare con carta da forno. Imballare saldamente il composto nella padella e posizionarlo esattamente in tutti gli angoli.

5. Mettete in freezer fino a mezzanotte, almeno per qualche ora.

6. Togliere dallo stampo e tagliare in 14 strisce.

7. Riporre in frigorifero o in un contenitore ermetico.

<u>Informazioni nutrizionali:</u>Zucchero 17 g Grassi: 12 g Calorie: 234 Carboidrati: 28 g Proteine: 4,5 g

Porzioni di ciotola per la colazione fruttata ai semi di lino: 1

Tempo di cottura: 5 minuti

Ingredienti:

Per il porridge:

¼ di tazza di semi di lino, appena macinati

¼ cucchiaino di cannella, macinata

1 tazza di latte di mandorle o di cocco

1 banana media, schiacciata

Un pizzico di sale marino fino

Per i condimenti:

Mirtilli, freschi o scongelati

Noci tritate crude

Sciroppo d'acero puro (facoltativo)

Indicazioni:

1. Unisci tutti gli ingredienti del porridge in una casseruola media a fuoco medio. Mescolare costantemente per 5 minuti o fino a quando il porridge si addensa e arriva a ebollizione.

2. Versare il porridge cotto in un piatto da portata. Guarnisci con condimenti e guarnisci con sciroppo d'acero se lo vuoi più dolce.

Informazioni nutrizionali: Calorie 780 Grassi: 26 g Proteine: 39 g Sodio: 270 mg Carboidrati totali: 117,5 g

Porzioni di farina d'avena per colazione a cottura lenta: 8

Ingredienti:

4 c) latte di mandorle

2 pacchetti di stevia

2 c) avena tagliata in acciaio

1/3 ca. albicocche secche tritate

4c) acqua

1/3 ca. ciliegie secche

1 cucchiaino. cannella

1/3 ca. uva passa

Indicazioni:

1. Mescola bene tutti gli ingredienti in una pentola a cottura lenta.

2. Coprire e posizionare su un livello basso.

3. Cuocere per 8 ore.

4. Puoi impostarlo la sera prima per fare colazione al mattino.

<u>Informazioni nutrizionali:</u>Calorie: 158,5, Grassi: 2,9 g, Carboidrati: 28,3 g, Proteine: 4,8

g, zucchero: 11 g, sodio: 135 mg

Porzioni di pane di segale: 12

Tempo di preparazione: 2 ore e 30 minuti

Ingredienti:

Farina di segale - 3 tazze

farina di grano integrale - 1 tazza

Farina di mais - 0,5 tazza

Cacao in polvere - 1 cucchiaio

Lievito secco attivo - 1 cucchiaio

Semi di cumino - 2 cucchiaini

Sale marino - 1,5 cucchiaini

Acqua calda - 1,5 bicchieri, divisi

Pasta di datteri - 0,25 tazza, divisa

Olio di avocado - 1 cucchiaio

Patate dolci, purè - 1 bicchiere

Lavaggio delle uova - 1 albume + 1 cucchiaio di acqua

Indicazioni:

1. Preparare una pirofila da nove x cinque pollici foderandola con carta da cucina e ungendola leggermente.

2. Mescolare una tazza d'acqua con la farina di mais in una casseruola fino a quando diventa calda e densa, circa cinque minuti. Assicurati di mescolare costantemente mentre si scalda per evitare la formazione di grumi. Una volta addensato, togliere la padella dal fuoco e aggiungere la pasta di datteri, il cacao in polvere, il cumino e l'olio di avocado. Metti da parte la pentola finché il contenuto non si sarà raffreddato fino a diventare tiepido.

3. Versare la restante mezza tazza di acqua tiepida in una grande planetaria insieme al lievito, mescolare finché il lievito non si scioglie. Lascia riposare questa miscela di pane di segale per circa dieci minuti finché non fiorisce e si gonfia.

È meglio farlo in un luogo caldo.

4. Una volta che il lievito fiorisce, aggiungere all'impasto la miscela di acqua di farina di mais tiepida insieme alle patate dolci schiacciate.

Una volta amalgamati i liquidi e le patate, aggiungere la farina integrale e la farina di segale. Lavorare il composto per una decina di minuti, preferibilmente con la planetaria e il gancio per impastare. L'impasto è pronto quando avrà formato una palla compatta, liscia e che si staccherà dai bordi dell'impasto.

5. Rimuovi il gancio impastatore e copri la ciotola con pellicola trasparente o un asciugamano pulito e umido. Mettete la planetaria in un luogo tiepido a lievitare finché l'impasto non avrà raddoppiato il suo volume, circa un'ora.

6. Mentre prepari il pane, preriscalda il forno a 375 gradi Fahrenheit.

7. Dai all'impasto una bella forma a tronco e mettilo nella teglia preparata. Sbattere il composto di uova e spennellare leggermente la superficie del pane preparato con un pennello da cucina. Se lo si desidera, utilizzare un coltello affilato per dare al pane un tocco decorativo.

8. Metti il pane al centro del forno caldo e cuoci finché non diventa di un bel colore scuro e suona vuoto quando viene toccato - circa un'ora. Togliere il pane di segale dal forno e lasciarlo raffreddare per cinque minuti prima di togliere il pane di segale dalla padella e trasferirlo su una gratella per raffreddarlo ulteriormente. Non tagliare il pane finché non si sarà completamente raffreddato.

Porzioni di budino di chia al cocco e lampone: 4

Tempo di preparazione: 0 minuti

Ingredienti:

¼ di tazza di semi di chia

½ cucchiaio di stevia

1 tazza di latte di cocco, non zuccherato, intero

2 cucchiai di mandorle

¼ tazza di lamponi

Indicazioni:

1. Prendi una ciotola capiente, aggiungi i semi di chia insieme alla stevia e al latte di cocco, mescola fino a quando non saranno ben amalgamati e mettili in frigorifero per una notte finché non si saranno addensati.

2. Togliere il budino dal frigo, cospargerlo di mandorle e frutti di bosco e servire.

Informazioni nutrizionali: Calorie 158, Grassi totali 14,1 g, Carboidrati 6,5 g, Proteine 2 g, Zucchero 3,6 g, Sodio 16 mg

Porzioni di insalata per la colazione del fine settimana: 4

Tempo di preparazione: 0 minuti

Ingredienti:

Uova, quattro sode

Limone, A

Rucola, dieci tazze

Quinoa, una tazza cotta e raffreddata

Olio d'oliva, due cucchiai

Aneto, tritato, mezza tazza

Mandorle tritate, una tazza

Avocado, uno grande tagliato a fettine sottili

Cetriolo, affettato, mezza tazza

Pomodoro, uno grosso a dadini

Indicazioni:

1. Mescolare la quinoa, il cetriolo, i pomodori e la rucola. Condisci leggermente questi ingredienti con olio d'oliva, sale e pepe. Trasferire e completare con uovo e avocado. Completare ogni insalata con mandorle ed erbe aromatiche. Cospargere con succo di limone.

<u>Informazioni nutrizionali:</u>Calorie 336 Grassi 7,7 g Proteine 12,3 g Carboidrati 54,6 g Zuccheri 5,5 g Fibre 5,2 g

Delizioso riso vegetariano salato con broccoli e cavolfiore

Porzioni: 2

Tempo di cottura: 7 minuti

Ingredienti:

½ tazza di cimette di broccoli, riso

1 tazza e ½ di cimette di cavolfiore, riso

¼ cucchiaino di aglio in polvere

¼ cucchiaino di sale

¼ cucchiaino di pepe nero macinato

1/8 cucchiaino di noce moscata macinata

½ cucchiaio di burro non salato

1/8 tazza di mascarpone

¼ di tazza di formaggio cheddar piccante grattugiato

Indicazioni:

1. In una ciotola mediamente resistente al calore, aggiungi tutti gli ingredienti tranne il mascarpone e il formaggio cheddar e mescola fino ad ottenere un composto omogeneo.

2. Metti la ciotola nel microonde, imposta la potenza massima per 5 minuti, quindi aggiungi il formaggio e continua a cuocere per 2 minuti.

3. Aggiungi il mascarpone in una ciotola, mescola fino a ottenere un composto liscio e cremoso e servi immediatamente.

Informazioni nutrizionali:Calorie 138, Grassi totali 9,8 g, Carboidrati 6,6 g, Proteine 7,5 g, Zucchero 2,4 g, Sodio 442 mg

Porzioni di toast mediterranei: 2

Ingredienti:

1 cucchiaino e ½. feta sbriciolata a ridotto contenuto di grassi

3 olive greche tagliate a fettine

¼ di avocado schiacciato

1 fetta di buon pane grosso

1 cucchiaio. Hummus di peperoncino arrostito

3 pomodorini tagliati a fette

1 uovo sodo, tritato

Indicazioni:

1. Per prima cosa tostare il pane e mettere ¼ dell'avocado schiacciato e 1 un cucchiaio di hummus.

2. Aggiungi i pomodorini, le olive, l'uovo sodo e la feta.

3. Condire con sale e pepe a piacere.

<u>Informazioni nutrizionali:</u>Calorie: 333,7, Grassi: 17 g, Carboidrati: 33,3 g, Proteine: 16,3

g, zucchero: 1 g, sodio: 700 mg

Porzioni di insalata da colazione con patate dolci: 2

Tempo di preparazione: 0 minuti

Ingredienti:

1 misurino di proteine in polvere

¼ tazza di mirtilli

¼ tazza di lamponi

1 banana sbucciata

1 patata dolce, cotta al forno, sbucciata e tagliata a cubetti

Indicazioni:

1. Metti la patata in una ciotola e schiacciala con una forchetta. Aggiungere la banana e le proteine in polvere e mescolare bene. Aggiungere i frutti di bosco, mescolare e servire freddo.

2. Divertitevi!

Informazioni nutrizionali: calorie 181, grassi 1, fibre 6, carboidrati 8, proteine 11

Porzioni di tazze di hash brown per colazione finta: 8

Ingredienti:

40 g di cipolle a dadini

8 uova grandi

7 ½ g di aglio in polvere

2½ g di pepe

170 g di formaggio magro grattugiato

170 g di patate dolci grattugiate

2½ g di sale

Indicazioni:

1. Preriscaldare il forno a 400 0F e preparare una teglia per muffin con i pirottini.

2. Aggiungi la patata dolce grattugiata, la cipolla, l'aglio e le spezie in una ciotola e mescola bene prima di versare in ogni tazza. Rompi un uovo grande in ogni tazza e continua la cottura per 15 minuti finché le uova non saranno cotte.

3. Servire fresco o conservare.

Informazioni nutrizionali:Calorie: 143, Grassi: 9,1 g, Carboidrati: 6 g, Proteine: 9 g, Zucchero: 0 g, Sodio: 290 mg

Porzioni di frittata di funghi e spinaci: 2

Ingredienti:

2 cucchiai. Olio d'oliva

2 uova intere

3 c) spinaci, freschi

Spray da cucina

10 funghi Baby Bella affettati

8 pasti Cipolla rossa tritata

4 albumi

2 once Formaggio di capra

Indicazioni:

1. Metti una padella a fuoco medio-alto e aggiungi le olive.

2. Aggiungi la cipolla rossa tritata nella padella e mescola fino a renderla traslucida.

Quindi aggiungere i funghi nella padella e continuare a mescolare finché non saranno leggermente dorati.

3. Aggiungi gli spinaci e mescola finché non appassiscono. Condire con un po' di pepe e sale. Togliere dal fuoco.

4. Spruzzare una piccola padella con spray da cucina e posizionare a fuoco medio.

5. Rompi 2 uova intere in una piccola ciotola. Aggiungere 4 albumi e sbattere fino a che liscio.

6. Versare le uova sbattute in un pentolino e lasciar riposare per un minuto.

7. Con una spatola, aggirare con attenzione i bordi della padella.

Sollevare la padella e inclinarla verso il basso e con un movimento circolare in modo che le uova che colano raggiungano il centro e cuociano attorno ai bordi della padella.

8. Metti il formaggio di capra sbriciolato su un lato della parte superiore della frittata con il composto di funghi.

9. Quindi, piega con cura l'altra metà della frittata sul lato dei funghi con una spatola.

10. Lascia bollire per trenta secondi. Trasferire quindi la frittata su un piatto.

Informazioni nutrizionali: Calorie: 412, Grassi: 29 g, Carboidrati: 18 g, Proteine: 25 g, Zucchero: 7 g, Sodio: 1000 mg

Involtini di insalata con pollo e verdure: 2

Tempo di cottura: 15 minuti

Ingredienti:

½ cucchiaio di burro non salato

¼ di libbra di pollo macinato

1/8 tazza di zucchine, a dadini

¼ di peperone verde snocciolato e tritato

1/8 di tazza di zucca gialla, tagliata a dadini

¼ cipolla media, tritata

½ cucchiaino di aglio tritato finemente

Pepe nero macinato fresco, a piacere

¼ cucchiaino di curry in polvere

½ cucchiaino di salsa di soia

2 grandi foglie di lattuga

½ tazza di parmigiano grattugiato

Indicazioni:

1. Prendi una padella, mettila a fuoco medio, aggiungi il burro e il pollo, schiaccia e cuoci per circa 5 minuti finché il pollo non sarà più rosa.

2. Quindi aggiungere le zucchine, i peperoni, la zucca, la cipolla e l'aglio nella padella, mescolare fino a ottenere un composto omogeneo e cuocere per 5 minuti.

3. Quindi condire con pepe nero e curry, irrorare con salsa di soia, mescolare bene e continuare la cottura per 5 minuti, mettere da parte fino al momento dell'uso.

4. Assemblare i wrap e distribuire uniformemente il composto di pollo su ogni foglia di lattuga, quindi cospargere di formaggio e servire.

5. Per preparare il piatto, mettere il composto di pollo in un contenitore ermetico e conservare in frigorifero per un massimo di due giorni.

6. Metti nel microonde il composto di pollo pronto da mangiare fino a quando sarà caldo, quindi posizionalo su foglie di lattuga e servi.

Informazioni nutrizionali: Calorie 71, Grassi totali 6,7 g, Carboidrati 4,2 g, Proteine 4,8 g, Zucchero 30,5 g, Sodio 142 mg

Porzioni di ciotola cremosa alla cannella e banana: 1

Tempo di cottura: 3 minuti

Ingredienti:

1 banana grande, matura

¼ cucchiaino di cannella, macinata

Un pizzico di sale marino basterebbe

2 cucchiai di burro di cocco, sciolto

A scelta: frutta, semi o noci<u>Indicazioni:</u>

1. Schiaccia la banana in una ciotola. Aggiungi cannella e sale marino celtico. Accantonare.

2. Scaldare il burro di cocco in una casseruola a fuoco basso.

Versare il burro caldo nel composto di banane.

3. Completare con la frutta, i semi o le noci preferiti durante il servizio.

<u>Informazioni nutrizionali:</u>Calorie 564 Grassi: 18,8 g Proteine: 28,2 g Sodio: 230 mg Carboidrati totali: 58,2 g Fibra alimentare: 15,9 g

Buoni cereali con mirtilli rossi e cannella: 2

Tempo di cottura: 35 minuti

Ingredienti:

1 tazza di cereali integrali (grano saraceno, grano saraceno o quinoa) 2 tazze e mezzo di acqua di cocco o latte di mandorle

1 bastoncino di cannella

2 spicchi interi

1 baccello di anice stellato (facoltativo)

Frutta fresca: mele, more, mirtilli rossi, pere o cachi

Sciroppo d'acero (facoltativo)

Indicazioni:

1. Far bollire in una pentola il semolino, l'acqua di cocco e le spezie. Coprire e ridurre la fiamma a medio-bassa. Cuocere a fuoco lento per 25 minuti.

2. Al momento di servire, scartare le spezie e guarnire con la frutta a fette. Se lo si desidera, irrorare con sciroppo d'acero.

Informazioni nutrizionali:Calorie 628 Grassi: 20,9 g Proteine: 31,4 g Sodio: 96 mg Carboidrati totali: 112,3 g Fibra alimentare: 33,8 g

Porzioni di frittata per la colazione: 2

Tempo di cottura: 10 minuti

Ingredienti:

2 uova, sbattute

1 gambo di cipolla verde, tritato

½ tazza di funghi, affettati

1 peperone rosso, tagliato a dadini

1 cucchiaino di erbe aromatiche

Indicazioni:

1. Sbattere le uova in una ciotola. Mescolare gli ingredienti rimanenti.

2. Versare il composto di uova in un pentolino. Metti la padella nel cestello della friggitrice ad aria.

3. Cuocere nel cestello della friggitrice ad aria a 350 gradi F per 10 minuti.

Informazioni nutrizionali: Calorie 210 Carboidrati: 5g Grassi: 14g Proteine: 15g

Porzioni di pane integrale: 12

Tempo di preparazione: 3 ore e 20 minuti

Ingredienti:

Farina integrale bianca - 3,5 bicchieri

Olio extra vergine di oliva - 0,25 tazze

Pasta di datteri - 0,25 bicchieri

Latte opzionale, caldo - 1.125 tazze

Sale marino - 1,25 cucchiaini

Lievito secco attivo - 2,5 cucchiaini

Indicazioni:

1. Preparare una pirofila da nove x cinque pollici foderandola con carta da cucina e ungendola leggermente.

2. In una grande cucina, mescola tutti gli ingredienti con una spatola. Dopo la miscelazione, lasciare riposare il contenuto per trenta minuti.

3. Inizia a lavorare l'impasto finché non diventa morbido, elastico e flessibile -

circa sette minuti. Potete impastare a mano, ma il modo più semplice è utilizzare la planetaria e il gancio per impastare.

4. Impastare l'impasto nella tortiera usata in precedenza, coprire la tortiera con pellicola trasparente o un asciugamano pulito e umido in un luogo caldo a lievitare fino al raddoppio delle dimensioni, circa un'ora o due.

5. Prima di disporlo nella teglia preparata, tamponare con cura l'impasto e formare un bel bastoncino. Copri la padella con la plastica o l'asciugamano che hai usato in precedenza e lasciala in un luogo caldo fino al raddoppio delle dimensioni, un'altra ora o due.

6. Quando il pane ha quasi finito di lievitare, preriscaldare il forno a 350 gradi Fahrenheit.

7. Togliere il coperchio dalla pagnotta lievitata e posizionare la pagnotta al centro del forno caldo. Posizionare con attenzione il foglio di alluminio sopra il pane senza far uscire l'aria per evitare che si tosti troppo velocemente. Lasciate cuocere il pane in questo modo per trentacinque-quaranta minuti, poi togliete la pellicola e continuate a cuocere il pane per altri venti minuti. Il pane è pronto quando ha un bel colore dorato e suona vuoto quando viene picchiettato.

8. Lascia raffreddare il panino integrale nella padella per cinque minuti, quindi rimuovilo dal metallo e trasferiscilo su una gratella per completare il raffreddamento. Lasciare raffreddare completamente il pane prima di affettarlo.

Giroscopio di pollo tagliuzzato

Ingredienti:

2 cipolle medie, tritate

6 spicchi d'aglio, tritati finemente

1 cucchiaino di aroma al limone e pepe

1 cucchiaino di origano secco

1/2 cucchiaino di pimento macinato

1/2 bicchiere d'acqua

1/2 tazza di succo di limone

1/4 di tazza di aceto di vino rosso

2 cucchiai di olio d'oliva

2 chili di petti di pollo disossati

8 pita intere

Guarnizione opzionale: salsa Tzatziki, lattuga romana tritata e pomodoro, cetriolo e cipolla a fette

Indicazioni:

1.3 mq. pentola a cottura lenta, solidificazione dei 9 paesi originali; aggiungere il pollo. Cuocere a fuoco basso per 3-4 ore o fino a quando il pollo sarà tenero (il termometro dovrebbe comunque indicare 165°).

2. Togli il pollo dal fuoco medio. Tritare con 2 forchette; tornato alla pentola a cottura lenta. Usando le pinze, posiziona il composto di pollo sopra il pane pita. Servire con un contorno.

Porzioni di zuppa di patate dolci: 6

Tempo di cottura: 15 minuti

Ingredienti:

2 cucchiai di olio d'oliva

1 cipolla media, tritata

1 lattina di peperoni verdi

1 cucchiaino di cumino macinato

1 cucchiaino di zenzero macinato

1 cucchiaino di sale marino

4 tazze di patate dolci, sbucciate e tritate 4 tazze di brodo vegetale biologico a basso contenuto di sodio

6 cucchiai di yogurt greco

Indicazioni:

1. Scaldare l'olio d'oliva in una pentola capiente a fuoco medio. Aggiungere la cipolla e friggere fino a renderla morbida. Aggiungere i peperoni verdi e le spezie e cuocere per 2 minuti.

2. Aggiungere la patata dolce e il brodo vegetale e portare a ebollizione.

3. Cuocere a fuoco lento per 15 minuti.

4. Aggiungere il coriandolo tritato.

5. Frullare metà della zuppa fino a ottenere un composto omogeneo. Rimettetelo nella pentola con il resto della zuppa.

6. Condire con altro sale marino, se lo si desidera, e guarnire con una cucchiaiata di yogurt greco.

Informazioni nutrizionali: Carboidrati totali: 33 g Fibra alimentare: 5 g Proteine: 6 g Grassi totali: 5 g Calorie: 192

Ingredienti per le ciotole di burrito di quinoa:

Formula 1 Coriandolo Lime Quinoa

Per i fagioli scuri:

1 lattina di fagioli scuri

1 cucchiaino di cumino macinato

1 cucchiaino di origano secco

sale, a piacere

Per il pico de gallo ai pomodorini:

1 pomodoro ciliegino o uva secco da 16 once, cipolla rossa tagliata a dadini e 1/2 tazza squartata

1 cucchiaio di peperoncino jalapeno, tritato finemente (rimuovere le costole e i semi se lo si desidera)

1/2 tazza di coriandolo croccante tritato

2 cucchiai di succo di lime

sale, a piacere

Per le feste:

jalapeños stagionati tritati

1 avocado, tagliato a dadini

Indicazioni:

1. Preparare la quinoa al coriandolo e lime e tenerla al caldo.

2. In una piccola pentola a fuoco medio, unisci i fagioli scuri e il liquido insieme al cumino e all'origano. Mescolare di tanto in tanto finché i fagioli non saranno ben caldi. Assaggiate e aggiungete sale se desiderato.

3. Unisci gli elementi del pico de gallo dei pomodorini in una ciotola e mescola bene.

4. Per assemblare le ciotole di burrito, dividere la quinoa al coriandolo e lime in quattro porzioni. Aggiungi un quarto di fagioli scuri a ciascuno. Completare con il pico de gallo di pomodorini, i jalapeños sott'aceto tritati e l'avocado.

Valutarlo!

5. Nota:

6. Tutti i componenti di questi pasti possono essere preparati in anticipo e assemblati quando sono pronti da mangiare. Potete riscaldare la quinoa e i fagioli oppure gustarli a temperatura ambiente. Mi piace preparare i segmenti prima della fine della settimana in modo da poter apprezzare le Quinoa Burrito Bowls per i pranzi della settimana.

Broccoli alle mandorle: 6

Tempo di cottura: 5 minuti

Ingredienti:

1 peperoncino rosso fresco, rimosso e tritato finemente 2 mazzi di broccoli, tagliati

1 cucchiaio di olio extra vergine di oliva

2 spicchi d'aglio, tritati finemente

1/4 tazza di mandorle crude, tritate grossolanamente

2 cucchiaini di scorza di limone, grattugiata finemente

4 acciughe sott'olio, tritate

Spremere il succo di limone fresco

Indicazioni:

1. Scaldare un po' d'olio in una padella. Aggiungete 2 cucchiaini di scorza di limone, le acciughe sgocciolate, il peperoncino tritato finemente e il finocchio tagliato a fettine sottili.

Cuocere per circa 30 secondi, mescolando continuamente.

2. Aggiungi 1/4 di tazza di mandorle tritate grossolanamente e cuoci per un minuto.

Spegnere il fuoco e aggiungere sopra il succo di limone.

3. Posiziona il cestello per la cottura a vapore sopra una pentola piena di acqua bollente. Mettete i broccoli nel cestello e coprite.

4. Cuocere fino a quando saranno teneri, circa 3-4 minuti. Scolare e trasferire in un piatto da portata.

5. Distribuisci sopra il composto di mandorle e buon appetito!

<u>Informazioni nutrizionali:</u>414 calorie 6,6 g di grassi 1,6 g di carboidrati totali 5,4 g di proteine

Ingredienti per il piatto di quinoa:

1/2 tazza di quinoa, secca

2 cucchiai di olio di avocado o di cocco

2 spicchi d'aglio, pressati

1/2 tazza di mais, in scatola o amido di mais

3 peperoni grandi, tritati

1/2 pepe Jalapeño medio, snocciolato e tritato 1 cucchiaio di cumino

15 once di fagioli scuri, sciacquati e scolati 1 tazza di coriandolo, tritato finemente e diviso 1/2 tazza di cipolle verdi, tritate finemente e divise 2 tazze di cheddar Tex Mex, spezzato e separato 3/4 tazza di latte di cocco in scatola

1/4 cucchiaino di sale

Indicazioni:

1. Cuocere la quinoa secondo le indicazioni sulla confezione e metterla da parte in un luogo sicuro. Preriscaldare la griglia a 350 gradi F.

2. Scaldare una grande padella antiaderente di argilla a fuoco medio e mescolare l'olio per ricoprirlo. Aggiungere l'aglio e cuocere per 30 secondi, mescolando regolarmente. Aggiungere il mais, i peperoni, i jalapeños e il

cumino. Mescolare e macinare senza disturbare per 3 minuti, mescolare nuovamente e macinare per altri 3 minuti.

3. Trasferisci in una grande ciotola con la quinoa cotta, i fagioli scuri, 3/4 tazza di coriandolo, 1/4 tazza di cipolla verde, 1/2 tazza di formaggio cheddar, latte di cocco e sale. Mescolare bene, versare in una teglia da 8 x 11, cospargere con 1/2 tazza di cheddar e infornare per 30 minuti.

4. Togliere dalla griglia, cospargere con 1/4 di tazza di coriandolo rimanente e 1/4 di tazza di cipolla verde. Servire caldo

Porzioni di insalata di uova pulite: 2

Tempo di preparazione: 0 minuti

Ingredienti:

6 uova biologiche da allevamento al pascolo, sode

1 avocado

¼ di tazza di yogurt greco

2 cucchiai di maionese all'olio d'oliva

1 cucchiaino di aneto fresco

Sale marino a piacere

Insalata per servire

Indicazioni:

1. Schiaccia le uova sode e l'avocado.

2. Aggiungi yogurt greco, maionese all'olio d'oliva e aneto fresco.

3. Condire con sale marino. Servire su un letto di insalata.

Informazioni nutrizionali: Carboidrati totali: 18 g Fibra alimentare: 10 g Proteine: 23 g Grassi totali: 38 g Calorie: 486

Porzioni di peperoncino con fagioli bianchi: 4

Tempo di cottura: 20 minuti

Ingredienti:

¼ di tazza di olio extra vergine di oliva

2 cipolle piccole, tagliate a cubetti di ¼ di pollice

2 gambi di sedano, affettati sottili

2 carote piccole, sbucciate e affettate sottilmente

2 spicchi d'aglio, tritati finemente

2 cucchiaini di cumino macinato

1½ cucchiaino di origano secco

1 cucchiaino di sale

¼ di cucchiaino di pepe nero appena macinato

3 tazze di brodo vegetale

1 lattina di fagioli bianchi, scolati e sciacquati ¼ di prezzemolo fresco a foglia piatta tritato finemente

2 cucchiaini di scorza di limone grattugiata o tritata finemente

Indicazioni:

1. Scaldare l'olio in un forno olandese a fuoco alto.

2. Aggiungere la cipolla, il sedano, la carota e l'aglio e cuocere finché non si ammorbidiscono, 5-8 minuti.

3. Aggiungere il cumino, l'origano, il sale e il pepe e mescolare per ricoprire le spezie, ca. 1 minuto.

4. Versare il brodo e portare a ebollizione.

5. Portare a ebollizione, aggiungere i fagioli e cuocere, parzialmente coperto e mescolando di tanto in tanto, per 5 minuti per far rilasciare i sapori.

6. Aggiungete il prezzemolo e la scorza di limone e servite.

Informazioni nutrizionali:Calorie 300 Grassi totali: 15 g Carboidrati totali: 32 g Zucchero: 4 g Fibre: 12 g Proteine: 12 g Sodio: 1183 mg

Porzioni di tonno al limone: 4

Tempo di cottura: 18 minuti

Ingredienti:

4 tranci di tonno

1 cucchiaio di olio d'oliva

½ cucchiaino di paprika affumicata

¼ cucchiaino di pepe nero macinato

1 succo di limone

4 cipolle, tritate

1 cucchiaio di aglio, tritato

Indicazioni:

1. Scaldare una padella con olio a fuoco medio, aggiungere la cipolla e friggere per 2 minuti.

2. Aggiungere i tranci di tonno e cuocere per 2 minuti su ciascun lato.

3. Aggiungere gli ingredienti rimanenti, mescolare delicatamente, mettere la teglia nel forno e cuocere a 180°C per 12 minuti.

4. Dividete il tutto nei piatti e servite a pranzo.

Informazioni nutrizionali:Calorie 324, Grassi 1, Fibre 2, Carboidrati 17, Proteine 22

Porzioni di tilapia con asparagi e zucca ghianda: 4

Tempo di cottura: 30 minuti

Ingredienti:

2 cucchiai di olio extra vergine di oliva

1 zucca ghianda media, senza semi e tagliata a fette sottili o in diagonale 1 libbra di asparagi, decorati con estremità legnose e tagliati in pezzi da 2 pollici

1 scalogno grande, affettato sottilmente

1 chilogrammo di filetto di tilapia

½ bicchiere di vino bianco

1 cucchiaio di prezzemolo fresco tritato 1 cucchiaino di sale

¼ di cucchiaino di pepe nero appena macinato

Indicazioni:

1. Preriscaldare il forno a 400 ° F. Ungere la teglia con olio.

2. Disporre la zucca, gli asparagi e lo scalogno in un unico strato sulla teglia. Cuocere per 8-10 minuti.

3. Mangia tilapia e versa il vino.

4. Cospargere con prezzemolo, sale e pepe.

5. Cuocere in 15 minuti. Sfornate, lasciate riposare 5 minuti e servite.

Informazioni nutrizionali: Calorie 246 Grassi totali: 8 g Carboidrati totali: 17 g Zucchero: 2 g Fibre: 4 g Proteine: 25 g Sodio: 639 mg

Cuocere il ripieno di pollo con olive, pomodori e basilico

Porzioni: 4

Tempo di cottura: 45 minuti

Ingredienti:

8 Cosce di pollo

Piccoli pomodorini italiani

1 cucchiaio di pepe nero e sale

1 cucchiaio di olio d'oliva

15 foglie di basilico (grandi)

Piccole olive nere

1-2 scaglie di peperoncino rosso fresco

Indicazioni:

1. Marinare i pezzi di pollo con tutte le spezie e l'olio d'oliva e lasciarli riposare per un po'.

2. Disporre i pezzi di pollo in una padella dai bordi alti con i pomodori, le foglie di basilico, le olive e le scaglie di peperoncino.

3. Cuocere questo pollo in forno preriscaldato (fino a 220°C) a 40 gradi minuti.

4. Cuocere fino a quando il pollo sarà tenero, i pomodori, il basilico e le olive saranno cotti.

5. Guarnire con prezzemolo fresco e scorza di limone.

<u>Informazioni nutrizionali:</u>Calorie 304 Carboidrati: 18 g Grassi: 7 g Proteine: 41 g

Porzioni di ratatouille: 8

Tempo di cottura: 25 minuti

Ingredienti:

1 zucchina, media e tagliata a cubetti

3 cucchiai. Olio extravergine d'oliva

2 peperoni, tagliati a dadini

1 zucca gialla, media e tagliata a cubetti

1 cipolla, grande e tagliata a dadini

28 once Pomodori interi, pelati

1 melanzana, media e affettata con la buccia, sale e pepe se necessario

4 rametti di timo, fresco

5 spicchi d'aglio, tritati

Indicazioni:

1. Per iniziare, scalda una padella grande a fuoco medio-alto.

2. Quando è caldo, aggiungere olio, cipolla e aglio.

3. Soffriggere la miscela di cipolle per 3-5 minuti o finché non si ammorbidisce.

4. Quindi mescolare le melanzane, il pepe, il timo e il sale nella padella. Mescolare bene.

5. Ora cuoci per altri 5 minuti o fino a quando le melanzane saranno morbide.

6. Quindi aggiungere nella padella le zucchine, il peperone e la zucca e continuare a cuocere per altri 5 minuti. Aggiungere poi i pomodorini e mescolare bene.

7. Dopo aver aggiunto tutto, mescolare bene fino ad amalgamare tutto. Lascia cuocere per 15 minuti.

8. Infine, controlla il condimento e aggiungi altro sale e pepe se necessario.

9. Guarnire con prezzemolo e pepe nero macinato.

<u>Informazioni nutrizionali:</u>Calorie: 103 Kcal Proteine: 2 g Carboidrati: 12 g Grassi: 5 g

Porzioni di zuppa di polpette di pollo: 4

Tempo di cottura: 30 minuti

Ingredienti:

2 libbre di petto di pollo, senza pelle, disossato e tritato 2 cucchiai di coriandolo tritato

2 uova, sbattute

1 spicchio d'aglio, tritato finemente

¼ tazza di cipolla verde, tritata

1 cipolla gialla, tritata

1 carota, affettata

1 cucchiaio di olio d'oliva

5 bicchieri di brodo di pollo

1 cucchiaio di prezzemolo, tritato

Un pizzico di sale e pepe nero

Indicazioni:

1. In una ciotola, mescolare la carne con le uova e gli altri ingredienti, tranne l'olio, la cipolla gialla, il brodo e il prezzemolo, mescolare e formare con questo composto delle polpette di media grandezza.

2. Scaldare una padella con olio a fuoco medio, aggiungere la cipolla gialla e le polpette e friggere per 5 minuti.

3. Aggiungere il resto degli ingredienti, mescolare, portare a ebollizione e cuocere a fuoco medio per altri 25 minuti.

4. Versare la zuppa nelle ciotole e servire.

Informazioni nutrizionali: calorie 200, grassi 2, fibre 2, carboidrati 14, proteine 12

Insalata di cavolo all'arancia con vinaigrette agli agrumi

Porzioni: 8

Tempo di preparazione: 0 minuti

Ingredienti:

1 cucchiaino di buccia d'arancia, grattugiata

2 cucchiai di brodo vegetale, a ridotto contenuto di sodio 1 cucchiaino ciascuno di aceto di sidro

4 tazze di cavolo rosso, tritato

1 cucchiaino di succo di limone

1 cipolla di finocchio, affettata sottilmente

1 cucchiaino di aceto balsamico

1 cucchiaino di aceto di lamponi

2 cucchiai di succo d'arancia fresco

2 arance, sbucciate, tagliate a pezzi

1 cucchiaio di miele

1/4 cucchiaino di sale

Pepe appena macinato

4 cucchiaini di olio d'oliva

Indicazioni:

1. Aggiungere in una ciotola il succo di limone, la scorza d'arancia, l'aceto di sidro, sale e pepe, il brodo, l'olio, il miele, il succo d'arancia, l'aceto balsamico e i lamponi e frullare.

2. Estrarre le arance, i finocchi e il cavolo. Mettici una pelliccia.

Informazioni nutrizionali:Calorie 70 Carboidrati: 14 g Grassi: 0 g Proteine: 1 g

Porzioni di tempeh e verdure a radice: 4

Tempo di cottura: 30 minuti

Ingredienti:

1 cucchiaio di olio extra vergine di oliva

1 patata dolce grande, tagliata a dadini

2 carote, affettate sottilmente

1 bulbo di finocchio, mondato e tagliato a cubetti da ¼ di pollice 2 cucchiaini di zenzero fresco tritato

1 spicchio d'aglio, tritato finemente

12 once di tempeh, tagliato a cubetti da ½ pollice

½ tazza di brodo vegetale

1 cucchiaio di tamari o salsa di soia senza glutine 2 cipolle affettate sottili

Indicazioni:

1. Preriscaldare il forno a 400 ° F. Ungere la teglia con olio.

2. Disporre le patate dolci, le carote, il finocchio, lo zenzero e l'aglio in un unico strato sulla teglia.

3. Cuocere fino a quando le verdure saranno morbide, circa 15 minuti.

4. Aggiungi il tempeh, il brodo e il tamari.

5. Cuocere di nuovo finché non sarà completamente riscaldato e leggermente dorato, 10-15 minuti.

6. Aggiungi le cipolle, mescola bene e servi.

Informazioni nutrizionali:Calorie 276 Grassi totali: 13 g Carboidrati totali: 26 g Zucchero: 5 g Fibre: 4 g Proteine: 19 g Sodio: 397 mg

Porzioni di zuppa verde: 2

Tempo di cottura: 5 minuti

Ingredienti:

1 tazza d'acqua

1 tazza di spinaci, freschi e confezionati

½ di 1 limone, sbucciato

1 zucchina, piccola e tritata

2 cucchiai. Prezzemolo fresco e tritato

1 sedano, tritato

Sale marino e pepe nero quanto basta

½ di 1 avocado, maturo

¼ tazza di basilico

2 cucchiai. Semi di chia

1 spicchio d'aglio, tritato finemente

Indicazioni:

1. Per preparare questa zuppa facile da preparare, metti tutti gli ingredienti in un frullatore ad alta velocità e frulla per 3 minuti o fino a ottenere un composto omogeneo.

2. Poi potete servirlo freddo, oppure potete scaldarlo per qualche minuto a fuoco basso.

Informazioni nutrizionali: Calorie: 250 Kcal Proteine: 6,9 g Carboidrati: 18,4 g Grassi: 18,1 g

Ingredienti per la pizza ai peperoni:

1 porzione (1 libbra) di miscela di pane rappreso, scongelato 2 uova grandi, isolato

1 cucchiaio di parmigiano grattugiato

1 cucchiaio di olio d'oliva

1 cucchiaino di prezzemolo tritato finemente

1 cucchiaino di origano secco

1/2 cucchiaino di aglio in polvere

1/4 cucchiaino di pepe

8 grammi di pepe tritato

2 tazze di mozzarella cheddar parzialmente scremata sbriciolata 1 lattina (4 once) di gambi e pezzi di funghi, sgocciolati da 1/4 a 1/2 tazza di grani di pepe essiccati

1 peperone verde medio, tagliato a dadini

1 lattina (2-1/4 once) di olive chiare affettate

1 confezione (15 grammi) di salsa per pizza

Indicazioni:

1. Preriscaldare la stufa a 350°. Su una teglia unta, stendere l'impasto a 15x10 pollici. forma quadrata. In una piccola ciotola, unire i tuorli d'uovo, il parmigiano, l'olio, il prezzemolo, l'origano, l'aglio in polvere e il pepe. Spalmare con il composto.

2. Completare con peperoni, mozzarella cheddar, funghi, pepe in grani, peperoni verdi e olive. Move up, uno stile di movimento per lui, a cominciare dal lato lungo; pizzicare per sigillare e piegare le superfici sottostanti.

3. Metti una parte del tabellone a faccia in giù; spennellare con l'uovo sbattuto.

Cerca di non farlo lievitare. Cuocere fino a quando non sarà molto scuro e il composto sarà cotto, da 35 a 40 minuti. Riscaldare la salsa della pizza; da presentare con la parte tagliata.

4. Opzione di congelamento: congela una porzione di pizza fredda senza fette in un foglio di alluminio senza compromessi. Per utilizzarlo, togliere dal frigorifero 30 minuti prima di riscaldarlo. Trasferire la porzione calda su una teglia unta nella griglia preriscaldata a 325° fino a quando non sarà completamente riscaldata. Compila come concordato.

Porzioni di Gazpacho di barbabietola: 4

Tempo di cottura: 10 minuti

Ingredienti:

1 x 20 once. Oppure fave, lavate e scolate, ¼ di cucchiaino. Sale kosher

1 cucchiaio. Olio extravergine d'oliva

½ cucchiaino. Aglio, fresco e tritato finemente

1 x 6 once sacchetto a forma di scaglie di salmone rosa

2 cucchiai. Succo di limone, appena spremuto

4 cipolle verdi, affettate sottilmente

½ cucchiaino. Pepe nero macinato

½ cucchiaino. Buccia di limone grattugiata

¼ di tazza di prezzemolo a foglia piatta, fresco e tritato

Indicazioni:

1. Per prima cosa, aggiungi la scorza di limone, l'olio d'oliva, il succo di limone, il pepe nero e l'aglio in una ciotola media e mescola con una frusta.

2. In un'altra ciotola media, unisci i fagioli, la cipolla, il salmone e il prezzemolo e mescola bene.

3. Versare quindi la salsa di succo di limone sul composto di fagioli.

Mescolare bene finché la salsa non ricopre il composto di fagioli.

4. Servi e divertiti.

<u>Informazioni nutrizionali:</u>Calorie 131 kcal Proteine: 1,9 g Carboidrati: 14,8 g Grassi: 8,5 g

Ingredienti Rigatoni Di Zucca Arrosto:

1 zucca enorme

3 spicchi d'aglio

2 cucchiai. olio d'oliva

Rigatoni da 1 libbra

1/2 tazza di panna

3 c. fontina rotta

2 cucchiai. salvia piccante tritata

1 cucchiaio. sale

1 cucchiaino. pepe macinato naturalmente

1 c. pangrattato panko

Indicazioni:

1. Preriscalda la griglia a 425 gradi F. Nel frattempo, in una grande ciotola, getta la zucca, l'aglio e l'olio d'oliva per ricoprire. Disporre su una teglia larga e cerchiata e cuocere fino a quando saranno teneri, ca. 60 minuti.

Trasferire il contenitore su una gratella e lasciarlo raffreddare leggermente, circa 10 gradi minuti. Ridurre la stufa a 350 gradi F.

2. Nel frattempo, portate ad ebollizione una pentola con abbondante acqua salata e cuocete i rigatoni poco per volta. Posizionare il condotto e riporlo in un luogo sicuro.

3. Usa un frullatore o un robot da cucina per schiacciare la zucca con la panna fino a ottenere un composto omogeneo.

4. In una ciotola capiente, aggiungi la purea di zucca, i rimanenti rigatoni, 2 tazze di fontina, salvia, sale e pepe. Spennellare il fondo e i lati di una teglia da 9 x 13 pollici con olio d'oliva. Trasferire il composto di rigatoni e zucchine in una ciotola.

5. Unisci la restante fontina e il panko in una piccola ciotola. Cospargere la pasta e cuocere fino a doratura, da 20 a 25 minuti.

Porzioni di Frappe al moka d'acero: 2

Ingredienti:

1 cucchiaio. cacao in polvere non zuccherato

½ tazza. latte scremato

2 cucchiai. Sciroppo d'acero puro

½ tazza. caffè preparato

1 piccola banana matura

1 c) yogurt magro alla vaniglia

Indicazioni:

1. Metti la banana in un frullatore o in un robot da cucina e schiacciala.

2. Aggiungere gli ingredienti rimanenti e sbattere fino a ottenere un composto liscio e cremoso.

3. Servire immediatamente.

Informazioni nutrizionali:Calorie: 206, Grassi: 2 g, Carboidrati: 38 g, Proteine: 6 g, Zucchero: 17 g, Sodio: 65 mg

Muffin al cioccolato, farina di mandorle e burro di arachidi

Porzioni: 6

Tempo di cottura: 25 minuti

Ingredienti:

1 tazza di farina di mandorle

1 cucchiaino di lievito

1/8 cucchiaino di sale

½ tazza di eritritolo

1/3 tazza di latte di mandorle, non zuccherato

2 uova biologiche

1/3 di tazza di burro di arachidi, non zuccherato

2 cucchiai di granella di cacao

Indicazioni:

1. Accendi il forno, quindi imposta la temperatura a 180°C e lascialo scaldare.

2. Nel frattempo, mettere la farina in una ciotola, aggiungere il lievito, il sale, l'eritritolo e mescolare fino ad ottenere un composto omogeneo.

3. Poi versare il latte, sbattere l'uovo e il burro di arachidi, sbattere fino a ottenere un composto omogeneo e quindi incorporare le granella di cacao.

4. Prendi una teglia per muffin con sei pirottini, fodera i pirottini con i pirottini, riempili uniformemente con l'impasto preparato e inforna per 25 minuti, finché i muffin saranno cotti e ben dorati.

5. Al termine, trasferisci i panini su una gratella per raffreddarli completamente, quindi avvolgi ciascun panino nella pellicola e conservalo in frigorifero per un massimo di cinque giorni.

6. Servi i muffin al momento di mangiarli.

<u>Informazioni nutrizionali:</u>Calorie 265, Grassi totali 20,5 g, Carboidrati 2 g, Proteine 7,5 g

Porzioni di tofu per la colazione: 4

Tempo di cottura: 20 minuti

Ingredienti:

2 cucchiaini di olio di sesamo tostato

1 cucchiaino di aceto di riso

2 cucchiai di salsa di soia a ridotto contenuto di sodio

½ cucchiaino di cipolla in polvere

1 cucchiaino di aglio in polvere

1 blocco di tofu, tagliato a dadini

1 cucchiaio di fecola di patate

Indicazioni:

1. Mescolare tutti gli ingredienti tranne il tofu e la fecola di patate in una ciotola.

2. Mescolare bene.

3. Aggiungi il tofu nella ciotola.

4. Marinare per 30 minuti.

5. Cospargere il tofu con la fecola di patate.

6. Metti il tofu nel cestello della friggitrice.

7. Cuocere all'aria a 180°C per 20 minuti, agitando a metà cottura.

Waffel di cavolfiore con formaggio e timo

porzioni: 2

Tempo di cottura: 15 minuti

Ingredienti:

½ tazza di mozzarella grattugiata

¼ tazza di parmigiano grattugiato

¼ di cavolfiore grande

½ tazza di verdure

1 uovo biologico grande

1 gambo di cipolla verde

½ cucchiaio di olio d'oliva

½ cucchiaino di aglio in polvere

¼ cucchiaino di sale

½ cucchiaino di semi di sesamo

1 cucchiaino di timo fresco, tritato

¼ cucchiaino di pepe nero macinato

Indicazioni:

1. Metti il cavolfiore in un robot da cucina, aggiungi le cipolle, il cavolo e il timo, quindi lavoralo per 2-3 minuti fino a ottenere un composto omogeneo.

2. Metti il composto in una ciotola, aggiungi gli ingredienti rimanenti e mescola fino ad ottenere un composto omogeneo.

3. Accendere la piastra per waffle, ungerla con olio e quando si sarà scaldata versarvi metà dell'impasto preparato, chiudere il coperchio e cuocere fino a quando sarà ben dorato e sodo.

4. Al termine, trasferire la cialda su un piatto e friggere un'altra cialda allo stesso modo utilizzando la pastella rimanente.

5. Servire immediatamente.

<u>Informazioni nutrizionali:</u>Calorie 144, Carboidrati 8,5, Grassi 9,4 g, Proteine 9,3 g, Zucchero 3 g, Sodio 435 mg

Muffin di mais dolce

Porzioni: 1

Ingredienti:

1 cucchiaio. lievito in polvere senza sodio

¾ c. latte senza latte

1 cucchiaino. di puro estratto di vaniglia

½ tazza. zucchero

1 c) farina integrale bianca

1 c) farina di mais

½ tazza. olio di colza

Indicazioni:

1. Preriscaldare il forno a 400 ° F. Foderare uno stampo per muffin da 12 tazze con pirottini di carta e mettere da parte.

2. Metti la farina di mais, la farina, lo zucchero e il lievito in una ciotola e sbatti bene.

3. Aggiungere il latte vegetale, l'olio e la vaniglia e mescolare fino ad ottenere un composto omogeneo.

4. Dividere uniformemente l'impasto tra i pirottini per muffin. Posizionare lo stampo per muffin sulla griglia centrale del forno e cuocere per 15 minuti.

5. Togliere dal forno e posizionarlo su una gratella a raffreddare.

<u>Informazioni nutrizionali:</u>Calorie: 203, Grassi: 9 g, Carboidrati: 26 g, Proteine: 3 g, Zucchero: 9,5 g, Sodio: 255 mg

Parfait Perky fresco e fruttato

Porzioni: 2

Tempo di preparazione: 0 minuti

Ingredienti:

½ tazza di lamponi freschi

Un pizzico di cannella

1 cucchiaino di sciroppo d'acero

2 cucchiai di semi di chia

16 once yogurt naturale

Frutta fresca: more, nettarine o fragole a fetteIndicazioni:

1. Usando una forchetta, schiacciare i lamponi in una ciotola fino ad ottenere una consistenza di marmellata. Aggiungi cannella, sciroppo e semi di chia. Continuare a frullare finché tutti gli ingredienti non saranno incorporati. Accantonare.

2. Disporre gli strati di yogurt e il composto alternativamente in due bicchieri.

Decorare con fettine di frutta fresca.

Informazioni nutrizionali: Calorie 315 Grassi: 8,7 g Proteine: 19,6 g Sodio: 164 mg Carboidrati totali: 45,8 g Fibra alimentare: 6,5 g

Porzioni di toast al salmone con formaggio cremoso: 2

Tempo di cottura: 2 minuti

Ingredienti:

Toast integrale o di segale, due fette

Cipolla rossa, tritata finemente, due cucchiai

Crema di formaggio, magro, due cucchiai

Scaglie di basilico, mezzo cucchiaino

Rucola o spinaci tritati, mezza tazza

Salmone affumicato, due once

Indicazioni:

1. Tostare il pane integrale. Mescolare la crema di formaggio e il basilico e spalmare il composto sul pane tostato. Aggiungere il salmone, la rucola e la cipolla.

Informazioni nutrizionali: Calorie 291 grassi 15,2 grammi carboidrati 17,8 grammi di zucchero 3 grammi

Porzioni di farina d'avena alle banane e noci: 9

Tempo di cottura: 40 minuti

Ingredienti:

Farina d'avena - 2,25 tazze

Banana, purè - 1 tazza

Uova - 2

Pasta di datteri - 2 cucchiai

Olio di soia - 3 cucchiai

Latte di mandorle, non zuccherato - 1 tazza

Estratto di vaniglia - 1 cucchiaino

Sale marino - 0,5 cucchiaini

Cannella - 1 cucchiaino

Lievito in polvere - 1 cucchiaino

Noci tritate - 0,5 tazze

Indicazioni:

1. Preriscaldare il forno a 350 gradi Fahrenheit e rivestire una teglia da otto x otto con carta pergamena per evitare che si attacchi.

2. In una ciotola da cucina, sbatti la pasta di datteri con la banana schiacciata, il latte di mandorle, l'uovo, l'olio di soia e la vaniglia. Sbattere questo composto fino a quando la pasta di datteri sarà completamente amalgamata agli altri ingredienti senza grumi. Ma i pezzi di banana schiacciati vanno bene.

3. Mescolare la farina d'avena, la cannella, il sale marino e il lievito nel composto di banane, quindi incorporare con cura le noci tritate.

4. Dopo aver mescolato l'avena con le banane e le noci, distribuire il composto sul fondo della teglia preparata e posizionare la pirofila al centro del forno caldo. Cuocere fino a quando l'avena sarà dorata e compattata, circa trenta-trentacinque minuti. Togliere la ciotola di farina d'avena cotta dal forno e lasciarla raffreddare per almeno cinque minuti prima di servire. Da gustare da solo o con frutta fresca e yogurt.

Porzioni di purè di patate e fagioli: 4

Tempo di cottura: 50 minuti

Ingredienti:

Patate tagliate a cubetti - 4 bicchieri

Funghi tagliati - 0,5 tazza

Pepe tagliato a cubetti - 1

Zucchine tagliate a cubetti - 1 tazza

Zucca gialla, tagliata a cubetti - 1 tazza

Fagioli borlotti bolliti - 1,75 tazze

Pepe nero macinato - 0,25 cucchiaino

Paprica, macinata - 0,5 cucchiaini

Sale marino - 0,5 cucchiaini

Cipolla in polvere - 1,5 cucchiaini

Aglio in polvere - 1,5 cucchiaini

Indicazioni:

1. Preriscalda il forno a 425 gradi Fahrenheit e rivesti una grande teglia di alluminio con carta da cucina.

2. Metti le patate a cubetti su una teglia e mescola con sale marino e pepe nero. Mettete le patate condite in forno ad arrostire per venticinque minuti. Togliere le patate e mescolare bene.

3. Nel frattempo, unisci gli ingredienti rimanenti dell'hashish in una grande padella resistente al forno. Dopo aver scartato le patate parzialmente fritte, mettete in forno sia la padella delle patate che quella delle verdure. Lascia cuocere entrambe le parti dell'hashish per altri quindici minuti.

4. Togliere la pentola e la padella dal forno ed eliminare il contenuto della padella con le patate al forno. Servire da solo o con le uova.

Pesca con ricotta di mandorle e miele

Porzioni: 6

Tempo di preparazione: 0 minuti

Ingredienti:

Diffusione

Ricotta, latte scremato, una tazza

Onore, cucchiaino

Mandorle, affettate sottilmente, mezza tazza

Estratto di mandorla, un quarto di cucchiaino

Per servire

Pesche a fette, una tazza

Pane, bagel integrale o pane tostato

Indicazioni:

1. Mescolare l'estratto di mandorle, il miele, la ricotta e le mandorle. Spalmate un cucchiaio di questo composto sul pane tostato e cospargetelo sulle pesche.

<u>Informazioni nutrizionali:</u>Calorie 230 Proteine 9 grammi Grassi 8 grammi Carboidrati 37 grammi Fibre 3 grammi Zucchero 34 grammi

Pane alle zucchine

Porzioni: 6

Tempo di cottura: 70 minuti

Ingredienti:

Farina integrale bianca - 2 bicchieri

Bicarbonato di sodio - 1 cucchiaino

Lievito in polvere - 2 cucchiaini

Sale marino - 0,5 cucchiaini

Cannella, macinata - 2 cucchiaini

Uovo grande - 1

Estratto di vaniglia - 1 cucchiaino

Salsa di mele, non zuccherata - 0,5 tazza

Zucchine grattugiate - 2 bicchieri

Dolcificante alla frutta del monaco Lakanto - 0,75 tazze

Indicazioni:

1. Preriscaldare il forno a 350 gradi Fahrenheit e rivestire o ungere una teglia da nove x cinque pollici.

2. In una grande ciotola da cucina, sbatti la salsa di mele, le zucchine, l'estratto di vaniglia, il dolcificante al frutto del monaco, l'uovo e l'estratto di vaniglia. In una ciotola separata, mescolare insieme gli ingredienti secchi in modo che non ci siano grumi dal lievito o dal bicarbonato di sodio.

3. Aggiungi gli ingredienti secchi combinati per il pane alle zucchine agli ingredienti umidi e mescola delicatamente fino ad ottenere un composto omogeneo.

Pulisci il boccale, versa il contenuto nella teglia preparata.

4. Mettere il pane alle zucchine nel forno e cuocere fino a cottura. È pronto quando viene inserito uno stuzzicadenti e può essere rimosso in modo pulito - circa un'ora.

5. Togliere il pane alle zucchine dal forno e lasciarlo raffreddare per dieci minuti, quindi togliere le zucchine dalla padella e trasferirle su una gratella per completare il raffreddamento. Lasciare raffreddare completamente il pane alla zucca prima di affettarlo.

Porzioni di barrette di mela e cannella: 4

Tempo di cottura: 35 minuti

Ingredienti:

Avena - 1 tazza

Cannella, macinata - 1 cucchiaino

Lievito in polvere - 0,5 cucchiaini

Bicarbonato di sodio - 0,5 cucchiaino

Estratto di vaniglia - 1 cucchiaino

Sale marino - 0,125 cucchiaini

Dolcificante al frutto del monaco Lakanto - 3 cucchiai di mele sbucciate e tagliate a cubetti - 1

Yogurt, semplice - 3 cucchiai

Olio di soia - 1 cucchiaio

Uova - 2

Indicazioni:

1. Preriscaldare il forno a 350 gradi Fahrenheit e rivestire una teglia quadrata da 8 x 8 pollici con carta pergamena.

2. Aggiungi tre quarti dell'avena e il resto degli ingredienti in un frullatore. Mescolare fino ad ottenere un composto omogeneo, quindi incorporare l'ultima avena rimanente con una spatola. Versare il composto nella teglia preparata e metterlo al centro del forno a cuocere fino a quando i bastoncini di mela e cannella saranno cotti, circa venticinque-trenta minuti. Le barrette sono pronte quando un coltello o uno stuzzicadenti vengono inseriti e rimossi in modo pulito.

3. Togli la stecca di mela e cannella dal forno e lascia raffreddare completamente le barrette prima di affettarle e riporle in frigorifero.

Anche se puoi mangiare queste barrette a temperatura ambiente, sono migliori se le lasci prima raffreddare.

Porzioni di muffin ai mirtilli: 10

Tempo di cottura: 22-25 minuti

Ingredienti:

2 tazze e mezzo di farina di mandorle

1 cucchiaio di farina di cocco

½ cucchiaino di bicarbonato di sodio

3 cucchiai di cannella in polvere, divisi

Sale, a piacere

2 uova biologiche

¼ tazza di latte di cocco

¼ di tazza di olio di cocco

¼ di tazza di sciroppo d'acero

1 cucchiaio di aroma di vaniglia biologico

1 tazza di mirtilli freschi

Indicazioni:

1. Preriscaldare il forno a 350 gradi F. Ungere una teglia per muffin grande da 10 tazze.

2. In una ciotola capiente, mescolare la farina, il bicarbonato di sodio, 2 cucchiai di cannella e il sale.

3. In un'altra ciotola, aggiungi le uova, il latte, l'olio, lo sciroppo d'acero e la vaniglia e sbatti fino a ottenere un composto omogeneo.

4. Aggiungere il composto di uova al composto di farina e mescolare fino a ottenere un composto ben amalgamato.

5. Incorpora i mirtilli.

6. Versare uniformemente il composto nelle tazze per muffin preparate.

7. Cospargere uniformemente con la cannella.

8. Cuocere ca. Cuocere per 22-25 minuti o fino a quando uno stuzzicadenti inserito al centro risulta pulito.

<u>Informazioni nutrizionali:</u>Calorie: 328, Grassi: 11g, Carboidrati: 29g, Fibre: 5g, Proteine: 19g

Porzioni di cocktail ai mirtilli: 1

Tempo di preparazione: 0 minuti

Ingredienti:

1 banana sbucciata

2 manciate di spinaci novelli

1 cucchiaio di burro di mandorle

½ tazza di mirtilli

¼ cucchiaino di cannella in polvere

1 cucchiaino di maca in polvere

½ tazza d'acqua

½ tazza di latte di mandorle, non zuccherato

Indicazioni:

1. Frullare gli spinaci con la banana, i mirtilli, il burro di mandorle, la cannella, la maca in polvere, l'acqua e il latte in un frullatore. Agitare bene, versare in un bicchiere e servire.

2. Divertitevi!

Informazioni nutrizionali:calorie 341, grassi 12, fibre 11, carboidrati 54, proteine 10

Porzioni di patate dolci ripiene con mele alla cannella: 4

Tempo di cottura: 10 minuti

Ingredienti:

Patate dolci fritte - 4

Mele rosse tagliate a cubetti - 3

Acqua - 0,25 bicchieri

Sale marino: un pizzico

Cannella, macinata - 1 cucchiaino

chiodi di garofano, macinati - 0,125 tè

Zenzero macinato - 0,5 cucchiaino

Noci pecan tritate - 0,25 tazza

Burro di mandorle - 0,25 tazze

Indicazioni:

1. Unisci le mele con acqua, sale marino, spezie e noci pecan in una padella capiente. Coprire le mele con un coperchio aderente e cuocere a fuoco lento per circa cinque-sette minuti fino a quando diventano morbide.

Il tempo esatto di cottura delle mele speziate dipenderà dalla dimensione delle fette di mela e dalla varietà di mele che usi.

2. Tagliare a metà le patate dolci al forno e posizionare ciascuna metà su un piatto da portata. Una volta cotte le mele, aggiungetele alle patate dolci, quindi irrorate con il burro di mandorle.

Servire ancora caldo.

Porzioni di pomodori ripieni di uova: 2

Tempo di cottura: 40 minuti

Ingredienti:

Pomodori grandi, maturi - 2

Uova - 2

Parmigiano grattugiato - 0,25 tazza

Cipolle verdi tritate - 3

Aglio tritato finemente - 2 spicchi

Prezzemolo fresco - 1 cucchiaio

Sale marino - 0,5 cucchiaini

Olio extra vergine di oliva - 1 cucchiaio

Pepe nero, macinato - 0,5 cucchiaini

Indicazioni:

1. Preriscalda il forno a 350 gradi Fahrenheit e prepara una teglia resistente al forno.

2. Su un tagliere, taglia la parte superiore del pomodoro attorno al gambo. Versa con attenzione il pomodoro dove lo hai tagliato, rimuovi i semi dal frutto e scartalo.

Dovresti lasciare le budella dei pomodori meno il liquido in eccesso e i semi.

3. Unisci sale marino, pepe nero e prezzemolo fresco in un robot da cucina. Una volta mescolato, cospargere metà del composto su ogni pomodoro, usando la mano o un cucchiaio per distribuire il condimento all'interno del pomodoro.

4. Soffriggere l'aglio e la cipolla verde nell'olio d'oliva a fuoco medio fino a quando diventano morbidi e fragranti, circa 4-5 minuti in una padella. A cottura ultimata mantecare con il parmigiano e dividere il composto tra i due pomodorini, infilandolo all'interno. Ora che la pentola è vuota, trasferite i pomodori dal tagliere alla pentola. Infine aggiungete un uovo ad ogni pomodoro.

5. Metti la teglia con i pomodori ripieni nel forno caldo e cuoci fino a quando l'uovo sarà cotto, circa venticinque-trenta minuti. Togliete dal forno la pirofila ripiena di uova e servitela calda da sola o con pane tostato integrale.

Porzioni di cavolo cappuccio curcuma: 1

Tempo di cottura: 10 minuti

Ingredienti:

Olio d'oliva, due cucchiai

Cavolo tritato, mezza tazza

Germogli, mezza tazza

Aglio, tritato, un cucchiaio

Pepe nero, un quarto di cucchiaino

Curcuma, macinata, un cucchiaio

Uova, due

Indicazioni:

1. Sbattere le uova e aggiungere la curcuma, il pepe nero e l'aglio.

Friggere il cavolo cappuccio in olio d'oliva a fuoco medio per cinque minuti, quindi versare l'uovo strapazzato nella padella con il cavolo cappuccio. Continuate a cuocere, mescolando spesso, fino a quando le uova saranno cotte. Completare con germogli verdi e servire.

Informazioni nutrizionali: Calorie 137 Grassi 8,4 g Carboidrati 7,9 g Fibre 4,8 grammi di zucchero 1,8 grammi di proteine 13,2 grammi

Casseruola di formaggio e salsiccia con deliziosa marinara

Porzioni: 6

Tempo di cottura: 20 minuti

Ingredienti:

½ cucchiaio di olio d'oliva

½ chilo di salsiccia

2,5 once di salsa marinara

4 once di parmigiano grattugiato

4 once di mozzarella grattugiata

Indicazioni:

1. Accendi il forno, quindi imposta la temperatura a 180°C e lascialo scaldare.

2. Prendete una pirofila, ungetela con olio, aggiungete metà della salsiccia, mescolate e distribuite uniformemente sul fondo della pirofila.

3. Versare metà della salsa marinara, del parmigiano e della mozzarella sulla salsiccia nella teglia, quindi distribuire sopra il resto della salsiccia.

4. Metti a strati la salsiccia con la rimanente salsa marinara, il parmigiano e la mozzarella e inforna per 20 minuti, fino a quando la salsiccia sarà cotta e i formaggi si saranno sciolti.

5. Al termine, lasciare raffreddare completamente la casseruola, quindi dividerla uniformemente in sei contenitori ermetici e conservare in frigorifero per un massimo di 12 giorni.

6. Quando è pronto da mangiare, metti la casseruola nel microonde finché è calda e servi.

Informazioni nutrizionali: Calorie 353, Grassi totali 24,3 g, Carboidrati 5,5 g, Proteine 28,4, Zuccheri 5 g, Sodio 902 mg

Porzioni di budino di chia al latte dorato: 4

Tempo di preparazione: 0 minuti

Ingredienti:

4 tazze di latte di cocco

3 cucchiai di miele

1 cucchiaino di estratto di vaniglia

1 cucchiaino di curcuma macinata

½ cucchiaino di cannella in polvere

½ cucchiaino di zenzero macinato

¾ tazza di yogurt al cocco

½ tazza di semi di chia

1 tazza di frutti di bosco freschi

¼ di tazza di scaglie di cocco tostato

Indicazioni:

1. Mescola il latte di cocco, il miele, l'estratto di vaniglia, la curcuma, la cannella e lo zenzero in una ciotola. Aggiungere lo yogurt al cocco.

2. Aggiungi i semi di chia, le bacche e il cocco nelle ciotole.

3. Versare la miscela di latte.

4. Lasciare raffreddare in frigorifero per 6 ore affinché si solidifichi.

Informazioni nutrizionali:Calorie 337 Grassi totali 11g Grassi saturi 2g Carboidrati totali 51g Carboidrati netti 49g Proteine 10g Zuccheri: 29g Fibre: 2g Sodio: 262mg Potassio 508mg

Porzioni di avena durante la notte con torta di carote: 2

Tempo di cottura: 1 minuto

Ingredienti:

Latte di cocco o latte di mandorle, una tazza

Semi di chia, un cucchiaio

Cannella, macinata, un cucchiaino

Uvetta, mezza tazza

Crema di formaggio, magro, due cucchiai di carote a temperatura ambiente, una buccia grande e grattugiata

Tesoro, due cucchiai

Vaniglia, cucchiaino

Indicazioni:

1. Mescola tutti gli ingredienti elencati e conservali per una notte in un contenitore sicuro nel frigorifero. Mangiare freddo al mattino. Se scegli di riscaldarlo, mettilo nel microonde per un minuto e mescola bene prima di mangiare.

Informazioni nutrizionali: Calorie 340 zuccheri 32 grammi proteine 8 grammi grassi 4

grammi di fibre 9 grammi di carboidrati 70 grammi

Frittelle al miele: 2

Tempo di cottura: 5 minuti

Ingredienti:

½ tazza di farina di mandorle

2 cucchiai di farina di cocco

1 cucchiaio di semi di lino macinati

¼ cucchiaino di bicarbonato di sodio

½ cucchiaio di zenzero macinato

½ cucchiaio di noce moscata macinata

½ cucchiaio di cannella in polvere

½ cucchiaino di chiodi di garofano macinati

Un pizzico di sale

2 cucchiai di miele biologico

¾ tazza di albumi d'uovo biologici

½ cucchiaino di estratto di vaniglia biologica

Olio di cocco quanto basta

Indicazioni:

1. Mescolare la farina, la semola, il bicarbonato di sodio, le spezie e il sale in una ciotola capiente.

2. In un'altra ciotola, aggiungi il miele, gli albumi e la vaniglia e sbatti fino a ottenere un composto ben amalgamato.

3. Aggiungere il composto di uova al composto di farina e mescolare fino a ottenere un composto ben amalgamato.

4. Oliare leggermente una padella antiaderente grande e scaldarla a fuoco medio-basso.

5. Aggiungere ca. ¼ di tazza del composto e inclinare la padella per distribuirlo uniformemente nella padella.

6. Cuocere per circa 3-4 minuti.

7. Regolare con attenzione i lati e cuocere per ca. Ancora 1 minuto.

8. Ripetere l'operazione con la miscela rimanente.

9. Servire con il condimento desiderato.

<u>Informazioni nutrizionali:</u> Calorie: 291, Grassi: 8 g, Carboidrati: 26 g, Fibre: 4 g, Proteine: 23 g

Porzioni di pancake senza glutine: 10

Tempo di cottura: 30 minuti

Ingredienti:

Scelta 1

Prepara pancake con waffle senza glutine e senza gomma e con il preparato per pancake

3 cucchiai di zucchero

1 tazza e 1/2 di miscela per pancake senza glutine

1 tazza di acqua fredda

2 uova

2 cucchiai di burro, sciolto

opzione 2

Cuoci i pancake con la tua miscela di farina preferita senza glutine e senza gomme:

2 cucchiai di burro, sciolto

3 cucchiai di zucchero

1 tazza di acqua fredda

2 cucchiai di acqua fredda

2 uova

1 1/2 tazze di farina senza glutine

Mescola 1/2 cucchiaino di lievito in polvere senza glutine o parti uguali di bicarbonato di sodio e crema di vino

1/2 cucchiaino di estratto di vaniglia

Indicazioni:

1. In una ciotola capiente, mescolare tutti gli ingredienti della crêpe e frullare fino a sciogliere i grumi. Lasciare riposare il composto a temperatura ambiente per ca. 15 minuti. Dopo 15 minuti si addenserà.

2. Scaldare una padella fino a quando sarà molto calda, ungerla con olio e versare nella padella una piccola quantità di pastella con un cucchiaio o 1/4 di mestolo.

misurino girando la padella lateralmente.

3. Lascia cuocere questo sottile strato di pastella per crêpe per 1, 2 o 3 minuti, quindi gira la crêpe e lasciala cuocere per un altro minuto.

<u>Informazioni nutrizionali:</u>Calorie per 100 Carboidrati: 14 g Grassi: 4 g Proteine: 3 g

Riso alle carote con uova strapazzate Porzioni: 3

Tempo di cottura: 3 ore

Ingredienti:

Salsa di soia tamari troppo dolce

3 cucchiai di salsa tamari (senza glutine)

1 cucchiaio di acqua

2-3 cucchiai di melassa

Per mix piccanti

3 spicchi d'aglio

1 scalogno piccolo (tritato)

2 peperoncini rossi lunghi

Un pizzico di zenzero macinato

Per il riso alle carote:

2 cucchiai di olio di sesamo

5 uova

4 carote grandi

8 grammi di salsiccia (pollo o qualsiasi tipo - senza glutine e macinata).

1 cucchiaio di salsa di soia dolce

1 tazza di germogli di soia

1/2 tazza di broccoli tritati finemente e tagliati a dadini

Sale e pepe a piacere

Per la decorazione:

Coriandolo

Salsa di peperoncino asiatico

semi di sesamo

Indicazioni:

1. Per la salsa:

2. Portare a ebollizione la melassa, l'acqua e il tamari in una casseruola a fuoco alto.

3. Quando la salsa bolle, abbassare la fiamma e cuocere fino a quando la melassa non sarà completamente sciolta.

4. Versare la salsa in una ciotola separata.

5. Per il riso alle carote:

6. Mescolare lo zenzero, l'aglio, la cipolla e il peperoncino rosso in una ciotola.

7. Per preparare il riso alle carote, spiralizza le carote in uno spiralizzatore.

8. Macina le carote a spirale con un robot da cucina.

9. Tagliare i broccoli a cubetti come pezzi. 10. Mettete la salsiccia, le carote, i broccoli e i germogli di soia in una ciotola con la cipolla, lo zenzero, l'aglio e il peperoncino.

11. Aggiungi il composto di verdure condite e la salsa tamari nella pentola a cottura lenta.

12. Metti il fornello a fuoco alto per 3 ore o a fuoco basso per 6 ore.

13. Mescola due uova in una padella o padella.

14. Dividete il riso alle carote e mettete sopra le uova strapazzate.

15. Guarnire con semi di sesamo, salsa di peperoncino asiatico e coriandolo.

Informazioni nutrizionali:Calorie 230 mg Grassi totali: 13,7 g Carboidrati: 15,9 g Proteine: 12,2 g Zucchero: 8 g Fibre 4,4 g Sodio: 1060 mg Colesterolo: 239 mg.

Porzioni di sacchetto di patate dolci: 6

Tempo di cottura: 15 minuti

Ingredienti:

2 patate dolci, a dadini

2 cucchiai di olio d'oliva

1 cucchiaio di paprika

1 cucchiaino di erba secca di aneto

Pepe a piacere

Indicazioni:

1. Preriscaldare la friggitrice ad aria a 400 gradi F.

2. Mescolare tutti gli ingredienti in una ciotola.

3. Trasferisci in una friggitrice ad aria.

4. Cuocere per 15 minuti, mescolando ogni 5 minuti.

Muffin all'uovo con feta e quinoa porzioni: 12

Tempo di cottura: 30 minuti

Ingredienti:

Uova, otto

Pomodori, tritati, una tazza

Sale, un quarto di cucchiaino

Formaggio feta, una tazza

Quinoa, una tazza cotta

Olio d'oliva, due cucchiaini

Origano, braciola di maiale fresca, cucchiaio

Olive nere tritate, un quarto di tazza

Cipolle tritate, un quarto di tazza

Spinaci baby, tritati, due tazze

Indicazioni:

1. Preriscaldare il forno a 350 gradi. Ungere uno stampo per muffin da dodici tazze. Friggere spinaci, origano, olive, cipolle e pomodori per cinque

minuti in olio d'oliva a fuoco medio. Sbattere le uova. Aggiungete il composto di verdure cotte alle uova con formaggio e sale. Versare il composto nei muffin. Cuocere per trenta minuti. Rimangono freschi in frigorifero per due giorni. Per mangiarlo è sufficiente avvolgerlo in un tovagliolo di carta e metterlo nel microonde per trenta secondi.

Informazioni nutrizionali:Calorie 113 Carboidrati 5 grammi Proteine 6 grammi Grassi 7

grammi di zucchero 1 grammo

Frittelle piccanti di ceci: 1

Tempo di cottura: 15 minuti

Ingredienti:

Acqua: 0,5 tazza più 2 cucchiai

Cipolla tritata finemente - 0,25 tazza

Pepe tritato finemente - 0,25 tazze

Farina di ceci - 0,5 tazze

lievito in polvere - 0,25 cucchiaini

sale marino - 0,25 cucchiaini

Aglio in polvere - 0,25 cucchiaino

Fiocchi di peperoncino - 0,125 cucchiaini

Pepe nero, macinato - 0,125 cucchiaini

Indicazioni:

1. Per preparare la pastella per pancake di ceci, scalda una padella antiaderente da 10 pollici a fuoco medio.

2. Usando un robot da cucina, macina la farina di ceci con il lievito e le spezie. Una volta mescolato, aggiungere l'acqua e sbattere energicamente per quindici-trenta secondi per introdurre tante bolle d'aria nella pastella di ceci, spezzettarla e farla aderire.

Incorporate la cipolla tritata e il pepe.

3. Quando la padella è calda, versare tutta la pastella in una volta per ottenere un grande pancake. Muovi la padella con un movimento circolare per distribuire uniformemente l'impasto sul fondo della padella, quindi lasciala riposare.

4. Cuocere la frittella di ceci finché non si solidifica e gira facilmente senza rompersi, circa 5-7 minuti. Il suo fondo dovrebbe essere dorato. Girate con attenzione la deliziosa frittella di ceci con una spatola larga e lasciate cuocere l'altro lato per altri cinque minuti.

5. Togliete dal fuoco la padella con la deliziosa frittella di ceci e trasferitela su un piatto, lasciatela intera oppure tagliatela a fette. Servire con la vostra scelta di salse e intingoli salati.

Deliziose porzioni di latte alla curcuma: 2

Tempo di cottura: 5 minuti

Ingredienti:

1 tazza e ½ di latte di cocco, non zuccherato

1 tazza e ½ di latte di mandorle, non zuccherato

¼ cucchiaino di zenzero macinato

1½ cucchiaino di curcuma macinata

1 cucchiaio di olio di cocco

¼ cucchiaino di cannella in polvere

Indicazioni:

1. Versare il latte di cocco e di mandorle in un pentolino e scaldare a fuoco medio, aggiungere lo zenzero, l'olio, la curcuma e la cannella. Mescolare e cuocere per 5 minuti, dividere nelle ciotole e servire.

2. Divertitevi!

Informazioni nutrizionali:Calorie 171, Grassi 3, Fibre 4, Carboidrati 6, Proteine 7

Porzioni di Shakshuka verde: 4

Tempo di cottura: 25 minuti

Ingredienti:

2 cucchiai di olio extra vergine di oliva

1 cipolla, tritata finemente

2 spicchi d'aglio, tritati finemente

1 jalapeño snocciolato e tritato finemente

1 libbra di spinaci (scongelati se congelati)

1 cucchiaino di cumino essiccato

¾ cucchiaino di coriandolo

Sale e pepe nero appena macinato

2 cucchiai di harissa

½ tazza di brodo vegetale

8 uova grandi

Prezzemolo fresco tritato, quanto basta per servire. Coriandolo fresco tritato, quanto necessario per servire Pepe rosso, quanto necessario per servire

Indicazioni:

1. Preriscaldare il forno a 180°C.

2. Scaldare l'olio d'oliva in una padella larga e adatta al forno a fuoco medio. Aggiungere la cipolla e soffriggere per 4-5 minuti. Incorporare l'aglio e il jalapeño, quindi cuocere per 1 altro minuto, finché non diventa fragrante.

3. Aggiungere gli spinaci e cuocere finché non saranno completamente appassiti, 4-5 minuti se freschi o 1-2 minuti se scongelati da congelati, fino a quando saranno caldi.

4. Condire con cumino, pepe, coriandolo, sale e harissa. Cuocere per circa 1 minuto finché non diventa fragrante.

5. Trasferisci il composto nella ciotola di un robot da cucina o di un frullatore e frullalo fino a ottenere una purea grossolana. Mescolare il brodo e la purea fino a ottenere un composto liscio e denso.

6. Pulisci la padella e spruzzala con spray antiaderente. Versate nuovamente il composto di spinaci nella padella e ricavate otto pozzetti circolari con un cucchiaio di legno.

7. Sbattere delicatamente le uova nei tubi. Mettete la teglia nel forno e fate cuocere per 20-25 minuti, fino a quando gli albumi si saranno rappresi ma i tuorli saranno ancora leggermente sodi.

8. Cospargere la shakshuka con prezzemolo, coriandolo e scaglie di peperoncino a piacere. Servire immediatamente.

Informazioni nutrizionali: 251 calorie 17 g di grassi 10 g di carboidrati 17 g di proteine 3 g di zucchero

Porzioni di pane proteico alla quinoa: 12

Tempo di preparazione: 1 ora e 45 minuti

Ingredienti:

Farina di ceci - 1 tazza

Farina di quinoa arrostita - 1 tazza

Fecola di patate - 1 tazza

Farina di sorgo - 1 tazza

Gomma xantana - 2 cucchiaini

Sale marino - 1 cucchiaino

Acqua calda - 1,5 bicchieri

lievito secco attivo - 1,5 cucchiaini

Pasta di datteri - 2 cucchiai

Semi di papavero - 1 cucchiaio

Semi di girasole - 1 cucchiaio

Pepita - 2 cucchiai

Olio di avocado - 3 cucchiai

Uova, temperatura ambiente - 3

Indicazioni:

1. Preparare una pirofila da nove x cinque pollici foderandola con carta da cucina e ungendola leggermente.

2. Sbattere l'acqua tiepida, la pasta di datteri e il lievito in una ciotola fino a quando il contenuto non sarà completamente sciolto. Lascia riposare il composto di pane con quinoa per cinque-dieci minuti finché il lievito non inizia a bollire e a sollevarsi: questo dovrebbe essere fatto in un ambiente caldo.

3. Nel frattempo, unisci la farina, l'amido, la gomma xantana e il sale marino in una grande ciotola, preferibilmente in una planetaria, fino a quando non saranno ben amalgamati. Infine, sbatti insieme l'olio di avocado e l'uovo in una piccola ciotola. Mettili da parte mentre aspetti che il lievito finisca di fiorire.

4. Quando il lievito fiorisce, accendi il mixer con il composto di farina e versa il composto di lievito. Lasciare che la planetaria dotata di foglia mescoli il liquido e la farina per qualche istante prima di aggiungere il composto di uova e olio. Continuare a lasciare che questa miscela si unisca per due minuti fino a formare una massa liscia

una palla di pasta. Aggiungete i semi all'impasto e mescolate per un altro minuto a velocità media. Non dimenticate che l'impasto risulterà più umido e meno elastico rispetto a quello della farina tradizionale, poiché non contiene glutine.

5. Versare la pastella proteica di quinoa nella teglia preparata, coprire con pellicola trasparente o un panno pulito e umido e lasciare lievitare in un luogo caldo e senza correnti d'aria fino al raddoppio del volume, circa quaranta minuti.

Nel frattempo, preriscaldare il forno a 375 gradi Fahrenheit.

6. Mettete il pane lievitato al centro del forno e lasciatelo cuocere finché non sarà cotto e avrà preso un colore dorato. Quando viene picchiettato sul pane proteico di quinoa, dovrebbe suonare vuoto. Togli il pane proteico di quinoa dal forno e lascialo raffreddare per cinque minuti prima di rimuovere il pane proteico di quinoa dalla padella e trasferirlo su una gratella per completare il raffreddamento. Lasciare raffreddare completamente il pane alla quinoa prima di affettarlo.

Muffin allo zenzero, carota e cocco Porzioni: 12

Tempo di cottura: 20-22 minuti

Ingredienti:

2 tazze di farina di mandorle pelate

½ tazza di scaglie di cocco non zuccherate

1 cucchiaino di bicarbonato di sodio

½ cucchiaino di pimento

½ cucchiaino di zenzero macinato

Schiacciare i chiodi di garofano macinati

Sale, a piacere

3 uova biologiche

½ tazza di miele biologico

½ tazza di olio di cocco

1 tazza di carota, sbucciata e grattugiata

2 cucchiai di zenzero fresco, sbucciato e grattugiato ¾ di tazza di uvetta, ammollata in acqua per 15 minuti e scolata Indicazioni:

1. Preriscaldare il forno a 350 gradi F. Ungere una teglia per muffin grande da 12 tazze.

2. In una ciotola capiente, mescolare la farina, le scaglie di cocco, il bicarbonato di sodio, le spezie e il sale.

3. In un'altra ciotola, sbatti le uova, il miele e l'olio finché non saranno ben amalgamati.

4. Aggiungere il composto di uova al composto di farina e mescolare fino a ottenere un composto ben amalgamato.

5. Incorpora la carota, lo zenzero e l'uvetta.

6. Versare uniformemente il composto nelle tazze per muffin preparate.

7. Cuocere ca. Cuocere per 20-22 minuti o fino a quando uno stuzzicadenti inserito al centro esce pulito.

Informazioni nutrizionali:Calorie: 352, Grassi: 13 g, Carboidrati: 33 g, Fibre: 9 g, Proteine: 15 g

Porzioni calde di porridge al miele: 4

Ingredienti:

¼ c. Miele

½ tazza. fiocchi d'avena

3 c) acqua bollente

¾ c. grano bulgur

Indicazioni:

1. Aggiungi il bulgur e la farina d'avena nella pentola. Aggiungere l'acqua bollente e mescolare per unire.

2. Metti la padella a fuoco alto e porta ad ebollizione. Una volta raggiunta l'ebollizione, abbassare la fiamma al minimo, coprire e cuocere a fuoco lento per 10 minuti, mescolando di tanto in tanto.

3. Togliere dal fuoco, aggiungere il miele e servire immediatamente.

Informazioni nutrizionali:Calorie: 172, Grassi: 1 g, Carboidrati: 40 g, Proteine: 4 g, Zucchero: 5 g, Sodio: 20 mg

Porzioni di insalata per la colazione: 4

Tempo di preparazione: 0 minuti

Ingredienti:

27 grammi di insalata di cavolo riccio mescolata con frutta secca 1 tazza e ½ di mirtilli

15 grammi di barbabietola rossa, lessata, sbucciata e tagliata

¼ tazza di olio d'oliva

2 cucchiai di aceto di mele

1 cucchiaino di curcuma in polvere

1 cucchiaio di succo di limone

1 spicchio d'aglio, tritato finemente

1 cucchiaino di zenzero fresco grattugiato

Un pizzico di pepe nero

Indicazioni:

1. In un'insalatiera, mescolare cavolo e frutta secca con barbabietole e mirtilli. In una ciotola a parte, mescolare l'olio con l'aceto, la curcuma, il

succo di limone, l'aglio, lo zenzero e un pizzico di pepe nero, frullare bene e versare sull'insalata, mescolare e servire.

2. Divertitevi!

Informazioni nutrizionali:calorie 188, grassi 4, fibre 6, carboidrati 14, proteine 7

Porzioni di quinoa veloce con cannella e chia: 2

Tempo di cottura: 3 minuti

Ingredienti:

2 tazze di quinoa, completamente cotta

1 tazza di latte di anacardi

½ cucchiaino di cannella in polvere

1 tazza di mirtilli freschi

¼ di tazza di noci, tostate

2 cucchiaini di miele grezzo

1 cucchiaio di semi di chia

Indicazioni:

1. Versare la quinoa e il latte di anacardi in una casseruola a fuoco medio-basso. Incorporate la cannella, i mirtilli e le noci. Cuocere lentamente per tre minuti.

2. Togliere la pentola dal fuoco. Mescolare il miele. Decorare con semi di chia sopra prima di servire.

<u>Informazioni nutrizionali:</u>Calorie 887 Grassi: 29,5 g Proteine: 44. Sodio: 85 mg Carboidrati totali: 129,3 g Fibra alimentare: 18,5 g

Waffle di patate dolci senza cereali: 2

Tempo di cottura: 15 minuti

Ingredienti:

Patate dolci, tritate - 3 tazze

Farina di cocco - 2 cucchiai

Arrowroot - 1 cucchiaio

Uova - 2

Olio di soia - 1 cucchiaio

Cannella, macinata - 0,5 cucchiaino

Noce moscata, macinata - 0,25 cucchiaino

sale marino - 0,25 cucchiaini

Pasta di datteri - 1 cucchiaio

Indicazioni:

1. Prima di mescolare i waffle, preriscaldare la macchina per waffle.

2. In una ciotola, sbatti le uova, l'olio di soia e la polpa di datteri fino ad ottenere un composto omogeneo. Aggiungere il resto degli ingredienti e

mescolare fino a quando tutti gli ingredienti saranno distribuiti uniformemente.

3. Ungere una piastra per waffle riscaldata e aggiungere un po' di impasto.

Chiudi la piastra e lascia cuocere la cialda fino a doratura, circa 6-7 minuti. Una volta cotta, staccate la cialda con una forchetta e poi friggete anche l'altro lato dell'impasto.

4. Servi i waffle di patate dolci senza cereali caldi con i tuoi condimenti preferiti, come yogurt e frutti di bosco freschi, composta di frutta o sciroppo di frutta del monaco Lakanto al gusto d'acero.

Porzioni di frittata di quinoa e asparagi: 3

Tempo di cottura: 30 minuti

Ingredienti:

2 cucchiai di olio d'oliva

1 tazza di funghi tritati

1 tazza di asparagi, tagliati a pezzi da 1 pollice

½ tazza di pomodori a pezzetti

6 grandi uova allevate al pascolo

2 grandi albumi d'uovo, pascolo sollevato

¼ di tazza di latte vegetale

1 tazza di quinoa, cotta secondo la confezione 3 cucchiai di basilico tritato

1 cucchiaio di prezzemolo tritato, per decorare

Sale e pepe a piacere

Indicazioni:

1. Preriscaldare il forno a 3500F.

2. Scaldare l'olio d'oliva in una padella a fuoco medio.

3. Incorporate i funghi e gli asparagi.

4. Condire con sale e pepe a piacere. Cuocere per 7 minuti o fino a quando i funghi e gli asparagi saranno dorati.

5. Aggiungi i pomodori e cuoci per 3 minuti. Accantonare.

6. Nel frattempo, unisci le uova, gli albumi e il latte in una ciotola. Accantonare.

7. Disporre la quinoa in una pirofila da forno e ricoprirla con il composto di verdure. Versare nel composto di uova.

8. Mettere nel forno e cuocere per 20 minuti o fino a quando le uova si saranno solidificate.

<u>Informazioni nutrizionali:</u> Calorie 450 Grassi totali 37g Grassi saturi 5g Carboidrati totali 17g Carboidrati netti 14g Proteine 12g Zuccheri: 2g Fibre: 3g Sodio: 60mg Potassio 349mg

Porzioni di Huevos Rancheros: 3

Tempo di cottura: 20 minuti

Ingredienti:

Uova - 6

Tortillas di mais, piccole - 6

Fagioli al forno - 1,5 bicchieri

Peperoncino verde a dadini, in scatola - 4 grammi

Pomodori in scatola pre-arrostiti - 14,5 grammi

Avocado a fette - 1

Aglio tritato finemente - 2 spicchi

Coriandolo tritato - 0,5 tazze

Cipolla a dadini - 0,5

Sale marino - 0,5 cucchiaini

Cumino macinato - 0,5 cucchiaino

Olio extra vergine di oliva - 1 cucchiaino

Pepe nero macinato - 0,25 cucchiaino

Indicazioni:

1. Lascia cuocere in una pentola i pomodori arrostiti, i peperoni verdi, il sale marino, il cumino e il pepe nero per cinque minuti.

2. Nel frattempo, fate soffriggere la cipolla e l'olio d'oliva in una padella larga, aggiungete l'aglio nell'ultimo minuto di cottura - circa cinque minuti in totale.

3. Friggere le uova in padella secondo il gusto di cottura desiderato; riscaldare i fagioli fritti e le tortillas calde.

4. Servire sulle tortillas con un cucchiaio di fagioli fritti, pomodori, cipolle e uova. Completare con avocado e coriandolo, quindi gustare fresco e caldo. Se lo desideri, puoi aggiungere salsa, formaggio o panna acida.

Porzioni di frittata di funghi e spinaci: 2

Tempo di cottura: 15 minuti

Ingredienti:

Olio d'oliva, un cucchiaio + un cucchiaio

Spinaci freschi, tritati, una tazza e mezza di cipolle verdi, una a cubetti

Uovo, legno

Formaggio feta, un'oncia

Fungo, bottone, cinque lobi

Cipolla rossa tagliata a cubetti, un quarto di tazza

Indicazioni:

1. Soffriggere i funghi, le cipolle e gli spinaci in un cucchiaio di olio d'oliva per tre minuti e mettere da parte. Sbattere bene le uova e friggerle nel secondo cucchiaio di olio d'oliva per tre o quattro minuti finché i bordi iniziano a dorarsi. Cospargere tutti gli altri ingredienti su metà della frittata e piegare l'altra metà sugli ingredienti in umido. Cuocere per un minuto su ciascun lato.

Informazioni nutrizionali:Calorie 337 grassi 25 grammi proteine 22 grammi carboidrati 5,4 grammi zucchero 1,3 grammi fibre 1 grammo

Porzioni di waffle alla zucca e banana: 4

Tempo di cottura: 5 minuti

Ingredienti:

½ tazza di farina di mandorle

½ tazza di farina di cocco

1 cucchiaino di bicarbonato di sodio

1 cucchiaino e mezzo di cannella in polvere

¾ cucchiaino di zenzero macinato

½ cucchiaino di chiodi di garofano macinati

½ cucchiaino di noce moscata macinata

Sale, a piacere

2 cucchiai di olio d'oliva

5 grandi uova biologiche

¾ tazza di latte di mandorle

½ tazza di purea di zucca

2 banane medie, sbucciate e affettate

Indicazioni:

1. Riscaldare la piastra per waffle e ungerla.

2. Mescola la farina, il bicarbonato di sodio e le spezie in una ciotola capiente.

3. Aggiungi il resto degli ingredienti al frullatore e frulla fino a ottenere un composto omogeneo.

4. Aggiungere il composto di farina e i legumi

5. Versare la quantità desiderata di composto nella piastra per waffle riscaldata.

6. Cuocere per ca. 4-5 minuti.

7. Ripetere l'operazione con la miscela rimanente.

Informazioni nutrizionali:Calorie: 357,2, Grassi: 28,5 g, Carboidrati: 19,7 g, Fibre: 4 g, Proteine: 14 g

Uovo con salmone affumicato: 2

Tempo di cottura: 10 minuti

Ingredienti:

4 uova

2 cucchiai di latte di cocco

Aglio fresco, tritato

4 fette di salmone affumicato selvatico, tritato Sale a piacere

Indicazioni:

1. Sbattere le uova, il latte di cocco e l'erba cipollina in una ciotola.

2. Ungere la padella con olio e scaldarla a fuoco medio-basso.

3. Versare il composto di uova e mescolare le uova durante la cottura.

4. Quando le uova iniziano a rapprendersi, aggiungi il salmone affumicato e cuoci per altri 2 minuti.

Informazioni nutrizionali: Calorie 349 Grassi totali 23g Grassi saturi 4g Carboidrati totali 3g Carboidrati netti 1g Proteine 29g Zuccheri: 2g Fibre: 2g Sodio: 466mg Potassio 536mg

Risotto cremoso alla parmigiana con funghi e cavolfiore

Porzioni: 2

Tempo di cottura: 18 minuti

Ingredienti:

1 spicchio d'aglio, sbucciato, tritato

½ tazza di panna

½ tazza di cavolfiore, riso

½ tazza di funghi, affettati

Olio di cocco per friggere

Parmigiano grattugiato per guarnire

Indicazioni:

1. Prendi una padella, mettila su fuoco medio-alto, aggiungi l'olio di cocco e quando si scioglie, aggiungi l'aglio e i funghi e cuoci per 4

minuti o rosolare.

2. Quindi aggiungere il cavolfiore e la panna nella pentola, mescolare bene e lasciare agire per 12 minuti.

3. Trasferire il risotto in un piatto, cospargere il formaggio e servire.

Informazioni nutrizionali: Calorie 179, Grassi totali 17,8 g, Carboidrati 4,4 g, Proteine 2,8 g, Zucchero 2,1 g, Sodio 61 mg

Broccoli arrostiti al ranch con porzioni di formaggio cheddar: 2

Tempo di cottura: 30 minuti

Ingredienti:

1 tazza e ½ di cimette di broccoli

Sale e pepe nero appena macinato a piacere 1/8 di tazza di condimento ranch

1/8 tazza di panna montata intera

¼ di tazza di formaggio cheddar piccante grattugiato

1 cucchiaio di olio d'oliva

Indicazioni:

1. Accendi il forno, quindi imposta la temperatura a 180°C e lascialo scaldare.

2. Nel frattempo, prendi una ciotola media, aggiungi le cimette insieme al resto degli ingredienti e mescola fino a quando saranno ben amalgamati.

3. Prendete una pirofila, ungetela con olio, versate il composto preparato con un cucchiaio e infornate per 30 minuti fino a cottura.

4. Al termine, lasciare raffreddare lo spezzatino per 5 minuti e servire.

<u>Informazioni nutrizionali:</u>Calorie 111, Grassi 7,7 g, Carboidrati 5,7 g, Proteine 5,8 g, Zuccheri 1,6 g, Sodio 198 mg

Porzioni potenti di porridge proteico: 2

Tempo di cottura: 8 minuti

Ingredienti:

¼ tazza di noci o noci pecan tritate grossolanamente ¼ tazza di cocco tostato, non zuccherato

2 cucchiai di semi di canapa

2 cucchiai di semi di chia interi

¾ tazza di latte di mandorle, non zuccherato

¼ tazza di latte di cocco

¼ tazza di burro di mandorle, tostato

½ cucchiaino di curcuma, macinata

1 cucchiaio di olio extravergine di cocco o olio MCT

2 cucchiai di eritritolo o 5-10 gocce di stevia liquida (facoltativo) Un pizzico di pepe nero macinato

½ cucchiaino di cannella o ½ cucchiaino di vaniglia in polvere

Indicazioni:

1. Aggiungi le noci, le scaglie di cocco e i semi di canapa in una padella calda. Cuocere la miscela per 2 minuti o finché non diventa fragrante. Mescolare un paio di volte per evitare che si bruci. Trasferire il composto cotto in una ciotola. Accantonare.

2. Unisci le mandorle e il latte di cocco in un pentolino a fuoco medio. Riscaldare la miscela.

3. Dopo il riscaldamento, ma non l'ebollizione, spegnere il fuoco. Aggiungi tutti gli ingredienti rimanenti. Mescolare bene fino ad ottenere un composto ben amalgamato. Mettere da parte per 10 minuti.

4. Mescolare metà del composto fritto con il porridge. Versare il porridge in due ciotole da portata. Ricoprire ogni panino con la restante metà del composto cotto e la cannella in polvere. Servire immediatamente il porridge.

<u>Informazioni nutrizionali:</u>Calorie 572 Grassi: 19 g Proteine: 28,6 g Sodio: 87 mg Carboidrati totali: 81,5 g Fibre alimentari: 10 g

Farina d'avena al mango e cocco: 1

Ingredienti:

½ tazza. latte di cocco

Sale kosher

1c) Farina d'avena vecchio stile

1/3 ca. mango fresco tritato

2 cucchiai. Scaglie di cocco non zuccherate

Indicazioni:

1. Portare a ebollizione il latte in una casseruola media a fuoco alto. Aggiungere l'avena e il sale e abbassare la fiamma al minimo. Lasciamo cuocere per circa 5

minuti fino a quando l'avena sarà cremosa e morbida.

2. Nel frattempo, in una piccola padella antiaderente, tostare le scaglie di cocco a fuoco basso per circa 2 - 3 minuti, finché non diventano dorate.

3. Al termine, guarnire la farina d'avena con scaglie di mango e cocco, servire e gustare.

Informazioni nutrizionali: Calorie: 428, Grassi: 18 g, Carboidrati: 60 g, Proteine: 10 g, Zucchero: 26 g, Sodio: 122 mg.

Porzioni di frittata funghi e spinaci: 4

Tempo di cottura: 30 minuti

Ingredienti:

6 uova

1/4 di tazza (60 ml) di latte

3 cucchiai (45 ml) di burro

2 tazze (500 ml) di spinaci novelli

Sale e pepe

1 tazza di formaggio cheddar grattugiato

1 cipolla, affettata sottilmente

4 once di funghi porcini, affettati

Indicazioni:

1. Preriscaldare il forno a 180°C (350°F) con la griglia in posizione centrale. Ungere una teglia quadrata da 20 cm (8 pollici). Accantonare.

2. In una ciotola capiente, mescolare le uova e il latte con una frusta. Incorporare il formaggio. Condire con pepe e sale a piacere. Metti da parte la ciotola.

3. In una padella larga a fuoco medio, soffriggere la cipolla, poi i funghi. Condire con pepe e sale a piacere. Aggiungere gli spinaci e cuocere per ca. Mescolare continuamente per 1 minuto.

4. Versare il composto di funghi nel composto di uova. Togliere e versare in una pirofila da forno. Cuocere la frittata per ca. Cuocere per 25 minuti o fino a quando saranno dorati e leggermente gonfi. Tagliate la frittata in quattro quadrati e toglietela dal piatto con una spatola. Disponeteli su un piatto e voilà, sono pronti per essere serviti caldi o freddi.

Informazioni nutrizionali:Calorie 123 Carboidrati: 4 g Grassi: 5 g Proteine: 15 g

Porzioni di ciotola per la colazione con quinoa: 6

Tempo di preparazione: 0 minuti

Ingredienti:

Quinoa, due tazze cotte

Uova, dodici

Yogurt greco, semplice, 1/4 di tazza

Sale, mezzo cucchiaino

Formaggio feta, una tazza

Pomodorini, mezza pinta

Pepe nero, un cucchiaino

Aglio, tritato, cucchiaino

Spinaci baby, tritati, una tazza

Olio d'oliva, un cucchiaino

Indicazioni:

1. Mescolare uova, sale, pepe, aglio, cipolla in polvere e yogurt. Friggere gli spinaci e i pomodori per cinque minuti in olio d'oliva a fuoco medio. Versare il composto di uova e mescolare fino a quando le uova avranno raggiunto la consistenza desiderata. Mescolare la quinoa e la feta fino a quando non saranno ben riscaldati. Si manterrà in frigorifero per due o tre giorni.

Informazioni nutrizionali:Calorie 340 Grassi 7,3 g Carboidrati 59,4 g Fibre 6,2 g Zuccheri 21,4 g Proteine 10,5 g

Porzioni di mele alla cannella cotte a vapore in una pentola a cottura lenta: 6

Tempo di preparazione: 4 ore

Ingredienti:

8 mele (sbucciate e senza torsolo)

2 cucchiaini di succo di limone

2 cucchiaini di cannella

½ cucchiaino di noce moscata

¼ tazza di zucchero di cocco

Indicazioni:

1. Metti tutti i prodotti in una pentola a cottura lenta.

2. Imposta la pentola a cottura lenta su una potenza bassa per 3-4 ore.

3. Cuocere fino a quando le mele saranno morbide. Per servire.

Informazioni nutrizionali: Calorie 136 Grassi totali: 0 g Carboidrati: 36 g Proteine: 1 g Zucchero: 26 g Fibre 5 g Sodio: 6 mg Colesterolo: 0 mg

Pane di mais integrale: 8

Tempo di cottura: 35 minuti

Ingredienti:

Farina di mais integrale gialla - 1 tazza

farina integrale bianca - 1 tazza

Uova - 1

Pasta di datteri - 2 cucchiai

Olio extra vergine di oliva - 0,33 bicchieri

Sale marino - 1 cucchiaino

Lievito in polvere - 1 cucchiaio

Bicarbonato di sodio - 0,5 cucchiaino

Latte di mandorle - 1 tazza

Indicazioni:

1. Preriscalda il forno a 400 gradi Fahrenheit e prepara una teglia rotonda da otto pollici o una padella in ghisa per il pane. Ungere generosamente la padella.

2. In una ciotola, sbatti insieme la farina di mais, la farina integrale, il sale marino e il lievito fino ad ottenere un composto omogeneo.

3. In un robot da cucina separato, frullare gli ingredienti rimanenti fino a quando non vengono combinati. Aggiungere il composto di farina, mescolando entrambi fino ad ottenere un composto omogeneo.

4. Versare l'impasto del pane di mais nella teglia preparata e infornare fino a quando sarà dorato e completamente rassodato al centro, ca. venticinque minuti. Togliere il pane di mais dal forno e lasciarlo raffreddare per cinque minuti prima di affettarlo.

Porzioni di frittata al pomodoro: 1

Tempo di cottura: 8 minuti

Ingredienti:

Uova, due

Basilico fresco, mezza tazza

Pomodorini, mezza tazza

Pepe nero, un cucchiaino

Formaggio, qualsiasi, 1/4 di tazza grattugiato

Sale, mezzo cucchiaino

Olio d'oliva, due cucchiai

Indicazioni:

1. Tagliare i pomodori in quarti. Friggere in olio d'oliva per tre minuti. A parte aggiungere i pomodorini. In una piccola ciotola, aggiungere le uova, sale e pepe e sbattere bene. Versate il composto di uova sbattute nella padella e passate delicatamente una spatola sui bordi sotto la frittata, lasciando cuocere indisturbate le uova per tre minuti. Quando il terzo medio del composto di uova sarà ancora liquido, aggiungere il basilico, i pomodori

e il formaggio. Piega metà della frittata sull'altro lato. Cuocere per altri due minuti e servire.

<u>Informazioni nutrizionali:</u>Calorie 342 Carboidrati 8 grammi Proteine 20 grammi Grassi 25,3 grammi

Zucchero di canna, cannella, farina d'avena: 4

Ingredienti:

½ cucchiaino. cannella in polvere

1 cucchiaino e ½. di puro estratto di vaniglia

¼ c. zucchero di canna chiaro

2 c) latte scremato

1 1/3 ca. avena istantanea

Indicazioni:

1. Misura il latte e la vaniglia in una casseruola media e porta ad ebollizione a fuoco medio-alto.

2. Quando bolle, ridurre il fuoco a medio. Incorporare l'avena, lo zucchero di canna e la cannella e cuocere, mescolando, per 2-3 minuti.

3. Servire immediatamente, spolverando con altra cannella se lo si desidera.

Informazioni nutrizionali:Calorie: 208, Grassi: 3 g, Carboidrati: 38 g, Proteine: 8 g, Zucchero: 15 g, Sodio: 105 mg

Porridge di amaranto con pere arrostite: 2

Tempo di cottura: 30 minuti

Ingredienti:

¼ cucchiaino di sale

2 cucchiai di pezzi di noci pecan

1 cucchiaino di sciroppo d'acero puro

1 tazza di yogurt greco 0% per servire

Pere

Porridge

½ tazza di amaranto crudo

1/2 bicchiere d'acqua

1 tazza di latte al 2%.

1 cucchiaino di sciroppo d'acero

1 pera grande

1/2 cucchiaino di cannella in polvere

1/4 cucchiaino di zenzero macinato

1/8 cucchiaino di noce moscata macinata

1/8 cucchiaino di chiodi di garofano macinati

Topping alle noci pecan/pere

Indicazioni:

1. Preriscaldare il forno a 400°C.

2. Scolare e lavare le bottatrici. Mescolare con acqua, una tazza di latte e sale, lessare l'amaranto e portare a bollore.

Coprite e fate cuocere per 25 minuti, finché l'amaranto sarà tenero ma avrà ancora un po' di liquido. Togliete dal fuoco e lasciate addensare l'amaranto per altri 5-10 minuti. Se lo si desidera, aggiungere ancora un po' di latte per uniformare la consistenza.

3. Mescolare le noci pecan con 1 cucchiaio di sciroppo d'acero.

Cuocere per 10-15 minuti, fino a quando le noci pecan saranno tostate e lo sciroppo d'acero si sarà asciugato. Quando hai finito, le noci pecan possono diventare piuttosto profumate. Le noci pecan fresche sono croccanti.

4. Taglia a dadini le pere insieme alle noci pecan e mescola con il restante 1 cucchiaino di sciroppo d'acero e le spezie. Cuocere per 15 minuti in padella fino a quando le pere saranno morbide.

5. Aggiungi 3/4 delle pere fritte al porridge. Dividere lo yogurt in due ciotole e ricoprirlo con il purè, le noci pecan tostate e i pezzetti di pera rimanenti.

Informazioni nutrizionali: Calorie 55 Carboidrati: 11 g Grassi: 2 g Proteine: 0 g

Porzioni di frittelle dolci alla crema: 2

Tempo di cottura: 10 minuti

Ingredienti:

2 uova biologiche

1 cucchiaino di stevia

Sale, a piacere

2 cucchiai di olio di cocco, sciolto, diviso

2 cucchiai di farina di cocco

½ tazza di panna

Indicazioni:

1. Sbattere le uova in una ciotola, aggiungere 1 cucchiaio di olio di cocco, stevia e sale e sbattere con uno sbattitore elettrico fino a ottenere un composto omogeneo.

2. Sbattere lentamente la farina di cocco fino ad ottenere un composto omogeneo, quindi sbattere la panna fino ad ottenere un composto ben amalgamato.

3. Prendere una padella, metterla su fuoco medio, ungere l'olio e, quando sarà caldo, versare metà del composto e cuocere per ca.

minuti su ciascun lato fino a quando il pancake sarà cotto.

4. Trasferisci la frittella su un piatto e cuoci un'altra frittella allo stesso modo utilizzando la pastella rimasta, quindi servi.

5. Durante la preparazione, avvolgere ogni pancake in un pezzo di carta oleata, quindi metterlo in un sacchetto di plastica, sigillare il sacchetto e conservare nel congelatore per un massimo di tre giorni.

6. Quando sei pronto per mangiare, scalda il pancake nel microonde per 2 minuti fino a quando sarà caldo, quindi servilo.

<u>Informazioni nutrizionali:</u>298, grassi totali 27,1 g, carboidrati 8 g, proteine 7 g, zucchero 2,4 g, sodio 70 mg

Tortini di maiale alla salvia sciroppati al forno

Porzioni: 4

Tempo di cottura: 10 minuti

Ingredienti:

2 libbre di carne di maiale macinata, pascolata

3 cucchiai di sciroppo d'acero, grado B

3 cucchiai di salvia fresca tritata finemente

¾ cucchiaino di sale marino

½ cucchiaino di aglio in polvere

1 cucchiaino di grasso solido

Indicazioni:

1. In una ciotola capiente, tagliare a pezzi la carne di maiale macinata. Irrorare uniformemente con lo sciroppo d'acero. Cospargere di spezie. Mescolare bene fino ad ottenere un composto ben amalgamato. Con il composto formate otto polpette. Accantonare.

2. Scaldare il grasso in una pentola di ghisa a fuoco medio. Cuocere le bistecche per 10 minuti su ciascun lato o fino a doratura.

Informazioni nutrizionali: Calorie 405 Grassi: 11,2 g Proteine: 30,3 g Sodio: 240 mg Carboidrati totali: 53,3 g Fibra alimentare: 0,8 g Carboidrati netti: 45,5 g

Porzioni di crepes con crema al cocco e salsa di fragole:

Tempo di cottura: 8 minuti

Ingredienti:

Per la salsa:

12 once di fragole congelate, scongelate e messe da parte dal liquido, 1 cucchiaino e mezzo di amido di tapioca

1 cucchiaio di miele

Per la crema al cocco:

1 lattina di latte di cocco freddo (13½ once).

1 cucchiaino di aroma di vaniglia biologico

1 cucchiaio di miele biologico

Per i pancake:

2 cucchiai di amido di tapioca

2 cucchiai di farina di cocco

¼ tazza di latte di mandorle

2 uova biologiche

Un pizzico di sale

Olio di avocado quanto basta

Indicazioni:

1. Per la salsa, unisci un po' del liquido delle fragole messo da parte e l'amido di tapioca in una ciotola.

2. Aggiungi gli ingredienti rimanenti e mescola bene.

3. Trasferisci il composto in una padella a fuoco medio-alto.

4. Portare a ebollizione, mescolando continuamente.

5. Cuocere per ca. 2-3 minuti o finché la salsa non si addensa.

6. Togliere dal fuoco e mettere da parte, coperto, fino al momento di servire.

7. Per la crema al cocco, sollevare con attenzione la crema dalla superficie del barattolo di latte di cocco.

8. Versare la crema di cocco, l'aroma di vaniglia e il miele in un frullatore e frullare per 6-8 minuti o fino a ottenere un composto soffice.

9. Per i pancake, metti tutti gli ingredienti in un frullatore e frulla fino a ottenere un composto omogeneo.

10. Ungere leggermente una padella antiaderente spessa con olio di avocado e scaldarla a fuoco medio-basso.

11. Aggiungi una piccola quantità di composto e inclina la padella per distribuirlo uniformemente nella padella.

12. Cuocere ca. 1-2 minuti.

13. Invertire con cautela i lati e cuocere per ca. 1-1½

minuti in più.

14. Ripetere l'operazione con la miscela rimanente.

15. Distribuire uniformemente la crema al cocco su ogni pancake e piegarlo in quarti.

16. Metti davanti la salsa di fragole e servi.

<u>Informazioni nutrizionali:</u>Calorie: 364, Grassi: 9 g, Carboidrati: 26 g, Fibre: 7 g, Proteine: 15 g

Porzioni di zuppa di funghi al cocco: 3

Tempo di cottura: 10 minuti

Ingredienti:

1 cucchiaio di olio di cocco

1 cucchiaio di zenzero macinato

1 tazza di crema di funghi, tritata

½ cucchiaino di curcuma

2 bicchieri e ½ d'acqua

½ tazza di latte di cocco in scatola

Sale marino a piacere

Indicazioni:

1. Scaldare l'olio di cocco in una pentola capiente a fuoco medio e aggiungere i funghi. Cuocere per 3-4 minuti.

2. Aggiungere gli altri fissaggi e portare a ebollizione. Lascia cuocere per 5 minuti.

3. Dividetelo in tre ciotole e buon appetito!

<u>Informazioni nutrizionali:</u> Carboidrati totali: 4 g Fibra alimentare: 1 g
Proteine: 2 g Grassi totali: 14 g Calorie: 143

Porzioni di macedonia invernale: 6

Tempo di preparazione: 0 minuti

Ingredienti:

4 patate dolci cotte, a dadini (dadi da 1 pollice) 3 pere, a dadini (dadi da 1 pollice)

1 tazza di uva, tagliata a metà

1 mela, tagliata a cubetti

½ tazza di noci pecan tagliate a metà

2 cucchiai di olio d'oliva

1 cucchiaio di aceto di vino rosso

2 cucchiai di miele grezzo

Indicazioni:

1. Mescolare l'olio d'oliva, l'aceto di vino rosso, quindi il miele grezzo per creare un condimento e mettere da parte.

2. Mescolare la frutta tritata, le patate dolci e le metà delle noci pecan e dividerle in sei ciotole. Versare la salsa su ogni ciotola.

<u>Informazioni nutrizionali:</u>Carboidrati totali: 40 g Fibra alimentare: 6 g
Proteine: 3 g Grassi totali: 11 g Calorie: 251

Cosce di pollo fritte nel miele con carote: 4

Tempo di cottura: 50 minuti

Ingredienti:

2 cucchiai di burro non salato, temperatura ambiente 3 carote grandi, affettate sottilmente

2 spicchi d'aglio, tritati finemente

4 cosce di pollo disossate con pelle

1 cucchiaino di sale

½ cucchiaino di rosmarino essiccato

¼ di cucchiaino di pepe nero appena macinato

2 cucchiai di miele

1 tazza di brodo di pollo o vegetale

Fette di limone, per servire

Indicazioni:

1. Preriscaldare il forno a 400 ° F. Ungere la teglia con il burro.

2. Metti le carote e l'aglio in uno strato sulla teglia.

<u>Informazioni nutrizionali:</u> Carboidrati totali: 40 g Fibra alimentare: 6 g
Proteine: 3 g Grassi totali: 11 g Calorie: 251

Cosce di pollo fritte nel miele con carote: 4

Tempo di cottura: 50 minuti

Ingredienti:

2 cucchiai di burro non salato, temperatura ambiente 3 carote grandi, affettate sottilmente

2 spicchi d'aglio, tritati finemente

4 cosce di pollo disossate con pelle

1 cucchiaino di sale

½ cucchiaino di rosmarino essiccato

¼ di cucchiaino di pepe nero appena macinato

2 cucchiai di miele

1 tazza di brodo di pollo o vegetale

Fette di limone, per servire

Indicazioni:

1. Preriscaldare il forno a 400 ° F. Ungere la teglia con il burro.

2. Metti le carote e l'aglio in uno strato sulla teglia.

<u>Informazioni nutrizionali:</u>Carboidrati totali: 40 g Fibra alimentare: 6 g
Proteine: 3 g Grassi totali: 11 g Calorie: 251

Cosce di pollo fritte nel miele con carote: 4

Tempo di cottura: 50 minuti

Ingredienti:

2 cucchiai di burro non salato, temperatura ambiente 3 carote grandi, affettate sottilmente

2 spicchi d'aglio, tritati finemente

4 cosce di pollo disossate con pelle

1 cucchiaino di sale

½ cucchiaino di rosmarino essiccato

¼ di cucchiaino di pepe nero appena macinato

2 cucchiai di miele

1 tazza di brodo di pollo o vegetale

Fette di limone, per servire

Indicazioni:

1. Preriscaldare il forno a 400 ° F. Ungere la teglia con il burro.

2. Metti le carote e l'aglio in uno strato sulla teglia.

3. Disporre la carne di pollo sopra le verdure con la pelle rivolta verso l'alto, condire con sale, rosmarino e pepe.

4. Metti sopra il miele e versa il brodo.

5. Cuocere per 40-45 minuti. Rimuovere e lasciare riposare 5

minuti e servire con spicchi di limone.

<u>Informazioni nutrizionali:</u>Calorie 428 Grassi totali: 28 g Carboidrati totali: 15 g Zucchero: 11 g Fibre: 2 g Proteine: 30 g Sodio: 732 mg

Porzioni di peperoncino tacchino: 8

Tempo di preparazione: 4 ore e 10 minuti

Ingredienti:

1 chilogrammo di tacchino macinato, preferibilmente magro al 99%.

2 lattine di fagioli rossi, sciacquati e scolati (15 once ciascuno) 1 peperone rosso, tritato

2 lattine di salsa di pomodoro (15 once ciascuna)

1 lattina di peperoni jalapeno tagliati a dadini, sgocciolati (16 once) 2 lattine di pomodorini, tagliati a dadini (15 once ciascuno) 1 cucchiaio di cumino

1 peperone giallo, tritato grossolanamente

2 lattine di fagioli neri, preferibilmente sciacquati e scolati (15 once ciascuno) 1 tazza di mais, congelato

2 cucchiai di peperoncino in polvere

1 cucchiaio di olio d'oliva

Pepe nero e sale qb

1 cipolla media, tagliata a dadini

Cipolla verde, avocado, formaggio grattugiato, yogurt greco/panna acida, sopra, facoltativo

Indicazioni:

1. In una padella capiente, scaldare l'olio finché è caldo. Al termine, posizionare con cura il tacchino nella padella calda e cuocere fino a doratura. Versare il tacchino sul fondo di una pentola a cottura lenta, preferibilmente 6 litri.

2. Aggiungi jalapeños, mais, peperoni, cipolle, pomodori a cubetti, salsa di pomodoro, fagioli, cumino e peperoncino in polvere. Mescolare e aggiungere pepe e sale a piacere.

3. Coprire e cuocere per 6 ore a fuoco basso o 4 ore a fuoco alto.

Servire con la vostra scelta di condimenti e buon appetito.

Informazioni nutrizionali:kcal 455 Grassi: 9 g Fibre: 19 g Proteine: 38 g

www.ingramcontent.com/pod-product-compliance
Lightning Source LLC
Chambersburg PA
CBHW071851110526
44591CB00011B/1371